MEIN GARTENTRAUM

Gemüsegarten

Sonderausgabe

© Genehmigte Sonderausgabe

Alle Rechte vorbehalten. Nachdruck, auch auszugsweise,
nur mit ausdrücklicher Genehmigung des Verlages gestattet.
Alle Angaben wurden sorgfältig recherchiert, eine Garantie
bzw. Haftung kann dennoch nicht übernommen werden.

Text: Helga Voit
Titelabbildung: Bildagentur Mauritius
Gestaltung: Axel Ganguin
Umschlaggestaltung: Axel Ganguin

ISBN 3-8174-5881-9
5358811

Inhalt

Planung und Gestaltung — 5

Vorgefundene Verhältnisse	6
Wasser und Licht	7
Gestaltung des Nutzgartens	8
Mischkultur	12

Anlage und Vorarbeiten — 15

Die wichtigsten Gartengeräte	16
Anlage von Wegen und Zäunen	18
Kompostieren	20
Anlage einer Kompostmiete	21
Bodenbearbeitung	23

Pflegearbeiten — 27

Pflanzenanzucht im Freiland	28
Gärtnern unter Glas	30
Gärtnern unter Folie	31
Anzucht auf der Fensterbank	33
Pikieren und Auspflanzen	35
Mulchen	37
Naturgemäß düngen	38
Biologischer Pflanzenschutz	44
Ernten und konservieren	45

Inhalt

Pflanzenkunde von A–Z 47

Blattsalate	48
Blattgemüse	52
Fruchtgemüse	53
Hülsenfrüchte	57
Knollengemüse	58
Kohlgemüse	60
Wurzelgemüse	64
Zwiebelgemüse	67

Gartenkalender 69
(von Peter Himmelhuber)

Gemüsegartenpflege rund ums Jahr	70
Checkliste	79
Stichwortverzeichnis	80

Planung und Gestaltung

Planung und Gestaltung

Lange Zeit, bevor Ziersträucher, Laub- und Nadelgehölze sowie bunte Beet- und Schnittblumen die Gärten eroberten, hatten bereits diverse Gemüse-, Obst- und Kräuterarten ihren festen Platz darin. Man zog die Gemüsesorten, die nicht auf dem Feld angebaut wurden, in einem eingezäunten Garten in der näheren Umgebung des Hauses, um sie vor dem Verbiss von Wild- und Haustieren zu schützen. Diese ersten Gärten hatten ausschließlich den Zweck der Nahrungssicherung, Rosen und Lilien waren anfangs nur schmückendes Beiwerk im „verzierten Nutzgarten", der jahrhundertelang die typische Gartenform für Bürger- und Bauerngärten war. Heute besteht für einen Großteil der Bevölkerung nicht mehr die Notwendigkeit, ihren Nahrungsbedarf aus dem eigenen Garten zu decken. Aber der Salat- oder Kohlkopf, die Gurke oder Tomate aus dem eigenen Gemüsegarten schmeckt doch irgendwie anders – besser – als die Produkte aus Supermärkten. Außerdem wissen Sie bei diesem Gemüse garantiert, wie es gezogen und mit was es behandelt worden ist. Bis es so weit ist, dass Sie die Ernte aus Ihren hauseigenen Gemüsebeeten einholen können, müssen sowohl bei der Neu-

Schrebergarten

anlage als auch bei der Pflege einige Vorarbeiten stattfinden, die nach der Lektüre dieses Buches einfacher von der Hand gehen.

Vorgefundene Verhältnisse

Wo sich einmal ein üppiger Gemüsegarten ausbreiten soll, werden Sie jetzt vielleicht noch

Erbsen palen

Verhältnisse vorfinden, die mutlos machen. Auf verdichteter Baustellenerde oder einer ehemaligen Weide muss im ersten Gartenjahr Pionierarbeit geleistet werden, bevor Sie säen und pflanzen können.

Die Erde ist das Wichtigste in einem Garten: Widmen Sie der Lockerung und Belebung des Bodens Ihre ganze Aufmerksamkeit. Sie finden dazu wichtige Helfer in der Natur: Überlassen Sie einer Gründüngung mit Leguminosen einen Teil der Arbeit. Diese Schmetterlingsblütler dringen mit ihren feinen Wurzeln tief und weit verzweigt ins Erdreich ein. Sie lockern auf schonendste Art den Boden, denn wenn die Wurzeln später abgestorben sind, haben sie ein System von Hohlräumen geschaffen,

Brachland

Wenn Sie aus einem Stückchen gepachteter Wiese einen Gemüsegarten machen wollen, finden Sie womöglich unter der geschlossenen Grasdecke fruchtbaren Boden vor. Pflügen Sie Ihr Wiesenstück im Herbst um und lassen Sie es über den Winter durchfrieren.

Im darauf folgenden Frühjahr können Sie die Fläche lockern und glätten, Beete und Wege anlegen und Gründüngung auf den Beeten einsäen. Im zweiten Frühjahr können Sie dann Ihre ersten Gemüsepflänzchen in lockere, nährstoffreiche Erde setzen.

Wasser und Licht

Neben Licht ist genügend Wasser eine wichtige Grundvoraussetzung für ein gesundes Pflanzenleben. Stauende Nässe im Untergrund führt jedoch dazu,

Drainage

Regenwassertonne

durch das Wasser und Luft zirkulieren können. Im Spätsommer wird die Pflanzendecke abgemäht, ein Teil dient zum Aufsetzen des ersten Kompostes, der Rest bleibt als Mulchdecke den Winter über liegen.

Wer einen verwilderten Garten übernimmt, wird viel Zeit mit der schweißtreibenden Arbeit des Rodens zubringen. Wo einmal kräftige Gemüsepflanzen heranwachsen sollen, muss zunächst gründlich für Ordnung und Durchlüftung gesorgt werden. Giersch und Disteln dürfen auch in einem Biogarten nicht zwischen den Nutzpflanzen wuchern. Arbeiten Sie mit der Spitz- oder Platthacke bzw. lockern Sie den Boden mit der Grabgabel und entfernen Sie in Handarbeit so viele Wurzeln wie möglich.

dass die Wurzeln faulen und Pflanzen absterben.

Wenn Sie sumpfige Stellen in Ihrem Garten entdecken oder Regenwasser nach Tagen noch auf den Beeten steht, sollten Sie mit Ihren Anbauplänen noch ein Jahr warten und das Grundstück erst einmal gründlich sanieren. Eine bodenlockernde Gründüngung oder eine sachgemäß verlegte Drainage macht aus nassem Boden angenehm feuchte Erde. Bei Hang- oder heißer Südlage müssen Sie mit Trockenheit rechnen. Hier müssen Sie den Boden häufig mit der Grabgabel oder Hacke lockern und ihn reichlich mit Nährstoffen versorgen, damit er mehr Feuchtigkeit speichern kann.

Wenn Sie die Wahl haben, werden Sie Ihren Gemüsegarten an einem

Planung und Gestaltung

Gesunde Mischkultur im eigenen Gemüsegarten

möglichst warmen und sonnigen Platz anlegen (am besten Südwestausrichtung), auf keinen Fall aber auf der Nordseite des Hauses. Halten Sie sich einmal einen ganzen sonnigen Tag lang in Ihrem Garten auf und beobachten Sie genau, wie viele Stunden die Sonne auf die verschiedenen Gartenbereiche scheint. Biologischer Gemüsebau setzt voraus, dass die Pflanzengemeinschaften an die gegebenen Lichtverhältnisse angepasst sind. Die meisten bei uns angebauten Gemüsearten benötigen einen warmen und sonnenbeschienenen Platz im Beet.

Gestaltung des Nutzgartens

Beginnen Sie mit einem Plan, indem Sie Ihr Grundstück maßstabsgerecht auf Millimeterpapier übertragen und alle wichtigen Punkte einzeichnen: das Haus, die Garage, die Terrasse, die Zufahrt, die Himmelsrichtungen und Bäume mit ihren belaubten Kronen. Schneiden Sie ein Papier in der gewünschten maßstabsgetreuen Größe und Form Ihres Gemüsegartens aus und schieben Sie es auf Ihrem Grundstücksplan hin und her, bis der Garten optimal liegt. Probieren Sie alle Möglichkeiten aus: Rücken Sie den Gemüsegarten ans Haus oder den Grundstücksrand, damit für die Kinder Platz freibleibt zum Spielen, oder setzen Sie den Gemüsegarten schräg in eine Ecke.

Bedenken Sie auch, dass ein Nutzgarten in Küchennähe, mit direkter Verbindung zum Beispiel zu einer Terrassentür, gerne und häufig besucht wird.

Wenn Sie den günstigsten Platz für Ihren Garten gefunden haben, stecken Sie seinen Umriss auf dem Grundstück ab. Schlagen Sie mit einem Fäustel Schnureisen an den Ecken in die Erde und verbinden Sie sie mit Maurerschnur.

Es gibt gute Gründe, sich bei der Gestaltung der zur Verfügung stehenden Anbaufläche an schönen Vorbildern zu orientieren. Schließlich empfinden wir nicht ganz zufällig eine Gartenanlage als wohltuend und gelungen, während eine zweite keinen anderen Eindruck bei uns hinterlässt, als den, dass dort eben Nutzpflanzen angebaut werden. Ein Garten sollte Sinn machen: Eine durchdachte Anordnung spricht alle Sinne an und nützt nicht nur der Gesundheit oder Ernährung. Wer durch einen Gemüsegarten geht, sollte auch etwas zum Schauen und Riechen vorfinden, denken Sie nur an die wunderschöne Madonnenlilie der alten Bauerngärten oder an den Wohlgeruch kleiner Kräuterbeete. Wie viel Bauerngartenatmosphäre Sie auf Ihrem Grundstück verwirklichen können, hängt entscheidend von der Umgebung ab. Eine komplette Neuanlage kommt eigentlich nur in Betracht, wenn Sie ein passendes ländliches Anwesen besitzen. Im städtischen Siedlungsbereich bietet es sich an, Teilbereiche zu übernehmen. Ein kleiner Nutzgarten kann durchaus von den Gestaltungsprinzipien der Bauerngärten profitieren. Ziel sollte eine einfache und klare äußere Ordnung sein. Auf den Beeten darf es dann ruhig kunterbunt nach den Regeln der Mischkultur zugehen. Bei der klassischen, vom Klostergarten übernommenen Kreuzform teilt ein Wegekreuz die vorhandene Fläche in vier gleich große Quadrate oder Rechtecke. Gestalten Sie den Schnittpunkt als Blumenrondell, indem Sie die Kreisbögen mit einem aus Schnur und zwei Holzpflöcken gebastelten Zirkel auf die Erde übertragen. Wenn der Platz für ein Wegekreuz nicht ausreicht, können Sie die Nutzfläche des Gemüsegartens in zwei Hälften teilen, indem Sie einen befestigten Mittelweg anlegen und die Beete einheitlich mit Buchsbaum oder Kräutern einfassen.

Ein lang gestreckter Garten wird nicht unnötig zerteilt, wenn Sie den Hauptweg an einer Längsseite entlangführen. Legen Sie die Wege etwas breiter an, die geraden Kanten werden von den Pflanzen schnell überwuchert, an breiteren Stellen ist dann Platz für Pflanzkübel mit Zierpflanzen. Grenzen Sie Ihren Bauerngarten vorzugsweise durch eine Hecke oder einen schlichten Staketen-

Gartenanlage mit Holzzaun

zaun nach außen hin ab. Eine Liguster- oder Hainbuchenhecke bietet dem Gemüsegarten Schutz vor heftigen Winden. Ein bewachsenes Spalier in der Hecke dient als Blickfang und Durchlass, der zur kleinen Laube werden kann, wenn Sie eine Gartenbank darunter stellen. Oder Sie bauen, zumindest auf einer Seite, eine Mauer aus Natursteinen oder Ziegeln, die die Sonnenwärme regelrecht einfangen und an wärmeliebende Pflanzen abgeben. Fassen Sie die Beete und das Rondell in der Mitte mit einer immergrünen kleinen Hecke aus Buchsbaum oder mit Kräutern ein.

Selbstverständlich können Sie auch Polsterstauden wie Gänsekresse, Steinbrech oder Katzenminze an die Ränder pflanzen oder Vergissmeinnicht, Gänseblümchen und die herrlich duf-

Gartenidylle durch Mischkultur mit Blumen

Planung und Gestaltung

tende Reseda. Solche „Beethecken" sind nicht nur wunderschön anzuschauen, sie schaffen auch ein günstiges Kleinklima auf den Beeten. Viele Kräuter haben zudem eine heilende und stärkende Wirkung auf die Gemüsepflanzen.

Idee des Bauerngartens ist es, die Mitte zu betonen. Bepflanzen Sie also das Rondell mit einer schönen Rose oder mischen Sie Sommerblumen und Blütenstauden kunterbunt. Die folgende Liste von Bauerngartengewächsen soll Ihnen als Anregung dienen. Die Zahlen in Klammern bezeichnen dabei die Monate, in denen die Pflanze blüht.

Einjährige Sommerblumen
Bechermalve (7–9)
Fuchsschwanz (7–10)
Kapuzinerkresse (6–11)
Levkoje (5–8)
Löwenmaul (6–9)
Reseda (6–7)

> **Tipp**
>
> **Schädlingsbekämpfung**
> Säen Sie im Frühjahr Radieschen als Beeteinfassung aus. Damit halten Sie die Schnecken in Schach. „Beethecken" aus Lavendel helfen gegen Blattläuse.

Ringelblume (6–10)
Sommeraster (7–10)
Sonnenblume (7–10)
Studentenblume (6–10)
Wicke (6–9)

Zweijährige Sommerblumen
Bartnelke (6–7)
Fingerhut (7–8)
Gänseblümchen (4–6)
Goldlack (5–6)
Königskerze (7–8)
Marienglockenblume (6–7)
Silberling (5–6)
Stiefmütterchen (3–7)
Stockrose (7–9)
Vergissmeinnicht (4–5)

Stauden
Akelei (5–7)
Alant (6–9)
Christrose (12–3)
Eisenhut (6–7)
Federnelke (5–6)
Fetthenne (8–10)
Gartenaurikel (5–6)
Herbstaster (9–10)
Kugeldistel (7–9)
Lampionblume (8–9)
Lupine (6–7)
Pfingstrose (5–6)
Phlox (6–8)
Rittersporn (6–7, 9–10)
Schwertlilie (5–6)
Sonnenhut (7–9)
Tränendes Herz (5–6)

In kleinen Gärten oder in Gärten mit schlechtem Boden, der noch Zeit braucht für den Aufbau einer Humusschicht, sorgen rundliche Hügelbeete für ein reichliches und gutes Wachstum der Gemüsepflanzen.

Legen Sie ein neues Hügelbeet im Herbst an, damit sich das aufgeschichtete Material bis zum Frühjahr setzen kann, und machen Sie sich auf einige Tage Arbeit gefasst, denn die Materialbeschaffung und der Aufbau des Hügels sind aufwändig. Die Mühe lohnt sich jedoch, denn das Gärtnern auf erhöhten Beeten hat viele Vorteile. Hügelbeete
- vergrößern die Anbaufläche;
- sorgen durch Humusbildung im Inneren für ständig sich erneuernde Bodenfruchtbarkeit;
- verlängern die Anbau- und Reifezeit, da die Abbauprozesse im Inneren die Erde erwärmen;
- gewährleisten eine gute Drainage, da der Großteil des Regenwassers durch den groben Kern in der Mitte ungehindert abfließen kann;
- erleichtern die gärtnerischen Pflegemaßnahmen.

Reservieren Sie für Ihr Hügelbeet eine möglichst sonnige Stelle in Ihrem Garten. Es wird in Nord-Süd-Richtung aufgebaut, bei

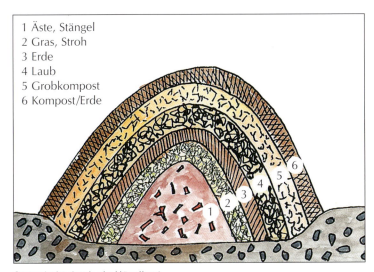

1 Äste, Stängel
2 Gras, Stroh
3 Erde
4 Laub
5 Grobkompost
6 Kompost/Erde

Querschnitt durch ein Hügelbeet

Grassoden

Ost-West-Lage entstünde sonst ein heißer Süd- und ein schattiger Nordhang.

Die Grundfläche ist 1,80 m breit und beliebig lang, die Höhe des fertigen Hügels sollte 60 bis 70 cm betragen. Wenn Sie das Beet sorgfältig ausgemessen haben, heben Sie eine etwa 25 cm tiefe Grube aus. Die Erde bzw. die spatentief abgestochenen Grassoden werden beiseite gelegt. Nun bilden Sie den inneren, groben Kern des Hügelbeetes, indem Sie zerkleinerte Äste oder harte Stängelstücke entlang der Mittellinie zu einem etwa 50 cm hohen gewölbten Haufen aufschichten. Lassen Sie an den Breitseiten 50 cm und an den Schmalseiten 60 bis 70 cm Platz zu den Rändern der ausgehobenen Grube.

Wenn Sie Grassoden ausgestochen haben, legen Sie diese mit der grünen Seite nach unten auf den Reisigkern. Sie können diese etwa 15 cm dicke Schicht aber auch aus Grasschnitt, Stroh und Gartenabfällen mischen. Verteilen Sie großzügig Erde darüber und klopfen Sie sie fest. Dadurch erhält der Hügel langsam seine Form.

Dann folgen lagenweise gemischtes, feuchtes Laub (ungefähr 25 cm hoch), Grobkompost (15 cm) und als oberste Abdeckung 15 bis 20 cm reifer Kompost oder gute Gartenerde, die Sie beim Aushub beiseite gelegt haben. Das Hügelbeet wird nun noch etwas geformt, leicht angeklopft und gehackt.

Auf dem Rücken des Hügels formen Sie ein Rinne, die als Gießmulde dient. Zuletzt decken Sie das Beet mit einer dicken Strohschicht als Mulchdecke ab.

Gehölzschnitt

Gartenerde

Planung und Gestaltung

Fertiges Hügelbeet

Während des Winters setzt sich das Hügelbeet und entwickelt besonders in der Laubschicht Wärme, ähnlich wie in einem Treibbeet. Dadurch können Sie im nächsten Frühjahr schon zeitig mit dem Säen und Bepflanzen beginnen. Halten Sie sich dabei in etwa an die Regeln der Mischkultur und setzen Sie die Pflanzen in ovalen Ringen um den ganzen Hügel herum.

Hohe Gewächse wie Tomaten erhalten ihren Platz auf dem Rücken des Hügels, rundherum genießen Sellerie, Lauch, Salate und noch viele andere Gemüse die Vorzüge Ihres Hügelbeets. Bauen Sie in den ersten beiden Jahren nur Starkzehrer, wie zum Beispiel Gurken, Tomaten, Kohl, Sellerie, Lauch und Kürbisgewächse, auf Ihrem Hügelbeet an, sie finden dort optimale Wachstumsbedingungen vor. Hügelbeete trocknen wegen ihres lockeren Drainagekerns rasch aus, deshalb müssen Sie in heißen Sommerwochen kräftig gießen. Solange im Frühjahr die Pflanzen noch klein sind und die Erde mit ihren Blättern noch nicht bedecken können, sorgt eine Mulchschicht auf dem Beet für die nötige Feuchtigkeit.

Mischkultur

Bei der Mischkultur werden verschiedene Gemüsearten gleichzeitig auf einem Beet angebaut. Da die Pflanzen zu verschiedenen Zeiten reifen und abgeerntet werden, entstehen immer wieder Lücken, die Sie durch Nachsäen oder Nachpflanzen schließen können.

Gesunde Mischkultur

Achten Sie bei der Nachkultur darauf, dass sich bodengesundende Pflanzen mit anspruchsvolleren abwechseln. Jede Ernte schafft Platz für neue Kulturen, damit Sie das ganze Jahr über frisches Gemüse genießen können. Der Boden bleibt stets bedeckt, da ihn die Blätter den ganzen Sommer lang schattieren und seine Feuchtigkeit vor Verdunstung schützen. Dadurch werden Sie weniger Arbeit mit dem Gießen und Hacken haben, weil die dichte Pflanzendecke über dem Beet und die Mulchschicht am Boden kaum Unkraut aufkommen lassen.

Der bunte Wechsel verschiedenartiger Pflanzen auf dem Mischkulturenbeet unterstützt die Gemüsepflanzen in ihrem Wachstum und macht sie weniger an-

> **Tipp**
>
> **Fruchtfolge bei Neuanlage**
> Auf einem neu angelegten Hügelbeet sollten Sie in den ersten beiden Jahren kein Gemüse pflanzen, das eine Tendenz zu Nitratanreicherung hat, wie Spinat, Rettich, Radieschen und Kopfsalat. Überdüngung und zu hoher Nitratgehalt wären die Folge. Ab dem dritten Jahr jedoch darf man alle Gemüse und Salate auf dem Hügelbeet pflanzen.

Rettich, Möhren und Lauch

fällig für Schädlinge und Krankheiten.

Um nur einige Beispiele zu nennen: Möhren im Wechsel mit Zwiebeln angebaut schützen sich gegenseitig vor Möhren- und Zwiebelfliege, der Geruch von Sellerie und Tomate irritiert den Kohlweißling und Knoblauch bietet anderen Pflanzen Schutz vor Pilzerkrankungen.

Mischkulturen fördern ein vielfältiges Insektenleben auf und im Boden, wodurch eine einzelne Insektenart kaum die Möglichkeit erhält, zu einem Schädling zu werden. Wenn Sie die Regeln der Mischkultur beherrschen, wird Ihre Gartenerde fruchtbar bleiben, da die Pflanzengemeinschaften mit ihrem unterschiedlichen Nährstoffverbrauch die Erde nicht einseitig auslaugen. Diejenigen Gemüsearten, die während der Vegetationszeit mehr Nährstoffe benötigen als ihre Nachbarn, werden gezielt zusätzlich mit Brennesseljauche oder einer anderen Düngejauche versorgt.

Allerdings hat man beobachtet, dass sich einige Gemüsearten gegenseitig im Wachstum behindern, bei einer ganzen Anzahl ist das Verhalten neutral. Anfänger sollten deshalb mit wenigen und einfachen Mischkulturen beginnen.

Viele Kräuter wirken heilend und wachstumsfördernd auf Gemüsepflanzen. Die aromatischen Würzpflanzen können außerdem den Wohlgeschmack ihrer Nachbarpflanzen wesentlich beeinflussen. Säen Sie deshalb Kümmel und Koriander im Frühkartoffelbeet aus oder mischen Sie Dill und Möhren. Radieschen werden würziger, wenn sie mit Kresse zusammengesetzt werden. Aber vor allem dient die Durchmischung mit Kräutern der natürlichen Schädlingsabwehr.

In alten Bauerngärten war es von jeher üblich, dass Gemüse, Kräuter und Blumen in bunter Mischung zusammenstanden. Wenn Sie auf gutnachbarliche Beziehungen zwischen Ihren Pflanzen achten, denken Sie auch daran, das Nützliche mit dem Schönen zu verbinden. Gute wachstums- und gesundheitsfördernde Nachbarn im Gemüsegarten können auch Ringelblumen sein. Oder die würzige Kapuzinerkresse, deren kleine Blüten einen Sommersalat geschmacklich und optisch aufbessern.

Kombinieren Sie auch einmal ganz nach Gefühl, beispielsweise Blaukraut mit rosa Löwenmäulchen oder Rosen und Schleierkraut.

Schließlich soll Ihr Garten kein Hochleistungsacker werden, sondern Ihnen und Ihrer Familie ein sinnliches Erlebnis bieten.

Möhren und Zwiebeln

Planung und Gestaltung

Tipps für den Anbau von Mischkulturen

	Buschbohnen	Endiviensalat	Erbsen	Fenchel	Gurken	Karotten/Möhren	Kartoffeln	Knoblauch	Kohlgewächse	Kohlrabi	Kopfsalat	Lauch	Mangold	Radieschen/Rettiche	Rote Bete	Sellerie	Spinat	Stangenbohnen	Tomaten	Zichoriensalat	Zucchini	Zwiebeln	Chinakohl	Feldsalat	Pastinake
Buschbohnen	0	0	–	–	+	0	0	–	+	+	+	–	+	+	+	0	0	0	+	0	0	0	–	0	0
Endiviensalat	0	0	0	+	0	0	0	0	+	0	0	0	+	0	0	0	0	0	+	0	0	0	0	0	0
Erbsen	0	0	0	+	0	+	–	–	+	+	+	–	0	+	0	–	0	–	–	0	0	0	0	0	0
Fenchel	–	+	+	0	+	0	0	0	0	0	+	0	0	+	+	0	+	–	0	0	+	0	0	0	0
Gurken	+	0	0	+	0	0	0	+	+	0	+	0	0	–	+	+	0	0	–	0	0	0	0	0	0
Karotten/Möhren	0	0	+	0	0	0	0	+	0	0	0	+	+	+	0	0	0	0	+	+	0	0	0	0	+
Kartoffeln	+	0	–	0	0	0	0	–	+	0	0	0	0	0	0	–	+	0	–	0	0	0	0	0	0
Knoblauch	–	0	–	0	+	+	0	0	–	0	0	0	0	+	0	0	–	+	0	0	0	0	0	0	0
Kohlgewächse	+	+	+	+	0	–	–	0	–	+	+	0	+	+	+	0	0	0	–	0	0	–	0	+	0
Kohlrabi	+	0	+	0	0	0	+	0	–	0	+	+	0	+	0	+	0	+	+	0	0	0	0	0	0
Kopfsalat	+	0	+	+	0	+	0	0	+	0	0	+	0	+	+	0	+	0	+	+	0	+	0	0	+
Lauch	–	+	–	0	0	+	0	0	–	+	+	0	0	0	–	+	0	0	+	0	0	–	0	0	0
Mangold	+	0	0	0	0	0	0	0	+	0	0	0	0	0	+	0	0	0	0	0	0	0	0	0	0
Radieschen/Rettiche	+	0	0	0	+	–	0	0	+	+	+	0	+	0	0	0	0	+	0	0	0	–	0	0	+
Rote Bete	+	0	0	0	+	0	–	0	+	+	+	0	0	0	0	0	0	0	0	0	0	+	0	0	+
Sellerie	+	0	0	0	+	0	–	0	+	+	+	0	0	0	+	0	0	0	+	0	0	0	0	0	+
Spinat	0	0	0	0	0	0	+	0	0	+	0	0	0	+	0	+	+	0	+	0	0	0	0	0	+
Stangenbohnen	0	+	+	–	+	0	0	–	+	+	0	0	0	0	0	0	0	0	0	+	+	–	0	+	0
Tomaten	+	0	–	–	0	+	–	+	+	+	+	0	+	0	0	+	+	0	0	0	0	0	0	0	0
Zichoriensalat	0	0	0	+	0	+	0	0	0	0	0	0	0	0	0	0	0	+	0	0	0	0	0	0	0
Zucchini	0	0	0	0	0	0	0	0	0	0	0	0	0	0	0	0	0	0	0	0	0	0	0	0	0
Zwiebeln	–	0	0	0	+	0	0	+	0	0	+	0	0	+	0	0	0	–	0	0	0	0	0	0	0
Chinakohl	+	0	+	0	0	0	0	0	–	–	0	0	0	0	0	0	0	+	0	0	0	+	0	0	0
Feldsalat	0	0	0	0	0	0	0	0	+	+	0	0	0	0	0	0	+	+	0	0	0	+	0	0	0
Pastinake	0	0	0	0	+	+	0	0	0	+	0	+	+	+	0	0	+	0	0	+	0	0	0	0	0

+ = Gute Nachbarn   – = Schlechte Nachbarn   o = Kein Einfluss

Anlage und Vorarbeiten

Anlage und Vorarbeiten

Die wichtigsten Gartengeräte

Das riesige Angebot der Gartencenter täuscht: Der Erfolg im Gemüsegarten hängt nicht davon ab, möglichst viele Gartengeräte parat zu haben. Es genügt eine kleine, wohlüberlegte Auswahl. Sie benötigen nur wenig, dafür aber solides Werkzeug.

Gute Gartengeräte sind zwar nicht gerade billig, der höhere Anschaffungspreis zahlt sich jedoch aus. Die Gartengeräte sollten außerdem auf die Größe und die Kraft desjenigen abgestimmt sein, der mit ihnen arbeitet. Wählen Sie im Zweifelsfall das kleinere Werkzeug, da Sie mit den handlicheren Geräten auch an schwer zugänglichen Stellen arbeiten können.

Ihre Gartengeräte sollten trocken und übersichtlich untergebracht und auf kürzestem Wege greifbar sein. Wenn Sie im Herbst alle Gartenarbeiten erledigt haben, werden die Werkzeuge gesäubert. Rostige Stellen lassen sich mit Bürste und Schmirgelpapier entfernen. Wenn Sie die Metallteile einfetten und die Stiele mit Leinöl oder Kräuterfirnis einlassen, werden Sie im nächsten Frühjahr Ihre Geräte gerne wieder in die Hand nehmen.

Spaten

Ein Spaten ist für jeden Gärtner ein unentbehrliches Utensil. Sie benötigen ihn zum Umgraben und Roden bei unvorbereitetem Gelände und zum Ausheben von größeren Pflanzgruben.

Ein Spatenblatt aus gestanztem Stahlblech biegt sich leicht durch. Achten Sie also darauf, dass es aus rostfreiem Edelstahl geschmiedet und von Hand hochpoliert wurde. Dass das Blatt geschmiedet ist, erkennen Sie übrigens an der leicht gewellten Oberfläche. Die Schneide sollte scharf und leicht geschwungen sein.

Die Schwachstelle aller Spaten sind die Tülle und der Schaft. Bei billigen Spaten ist eine einzige Feder vorne am Blatt angenietet oder angeschweißt – Bruch oder Verwindung sind unvermeidlich. Bessere Spaten haben vorne und hinten eine Feder bzw. eine lange Tülle, in einem Stück mit dem Blatt geschmiedet. Der Spaten sollte außerdem einen stabilen, polierten Eschenstiel mit einem Quergriff haben. Esche ist genauso biegefest und verwindungssteif wie Buche oder Eiche.

Grabgabel und Sauzahn

Diese wichtigen Geräte sorgen für eine tiefgründige Bodenlockerung.

Sauzahn, Harke und Grabgabel

Sparsamkeit beim Kauf ist deshalb nicht angebracht.

Die Grabgabel sollte wie der Spaten aus geschmiedetem Edelstahl bestehen, mit vier flachen, starken Zinken und einem T-Stiel aus Eschenholz. Der Sauzahn ist das Erkennungszeichen des Gärtners schlechthin. Er besteht aus einem sichelförmig gebogenen Zinken, der in eine platte Spitze ausläuft. Der Stiel sollte leicht gebogen sein, mit der Krümmung nach unten. Achten Sie darauf, dass die Pflugschar nicht angesetzt ist, sondern zusammen mit dem Dreikantbogen aus einem Stück geschmiedet wurde. Der Sauzahn lockert die Erde bis auf 20 cm Tiefe, ohne die natürliche Bodenschichtung durcheinander zu werfen.

Grubber und Harke

Diese Geräte leisten bei der Beetvorbereitung gute Dienste, indem sie die Erde lockern und die kleinen Unkrautpflanzen entwurzeln.

Der Grubber erinnert mit seinen drei runden, gebogenen Zinken an eine Kralle. Das Arbeitsteil sollte geschmiedet und nicht gestanzt sein, denn nur beim Schmieden kann das Material an jenen Stellen verstärkt werden, wo dies aus funktionellen Gründen notwendig ist.

Die Harke (auch Kräuel genannt) ist ein sehr vielseitiges Gartengerät. In der Regel hat diese kleine Harke drei bis vier abgewinkelte Zinken, rund geschmiedet oder flach. Der Stiel des Kräuels sollte aus heimischem Eschenholz und – aus ergonomischen Gründen – oval sein.

Rechen

Einen Rechen brauchen Sie zum Ausebnen des Beetes und zum feinen Zerkrümeln der obersten Gartenbodenschicht. Für den Anfang ist ein Rechen von mittlerer Breite empfehlenswert (12 oder 14 Zinken), zwischen den Gemüsereihen können Sie gut mit dem schmalsten Rechen arbeiten. Kaufen Sie am besten einen Rechen aus hochpoliertem, gewalztem Edelstahl mit angeschweißter Angel und einem langen Stiel aus Eschenholz.

Gartenhacke und Bügelhacke

Diese Geräte werden zum Unkrautjäten und Lockern der Gartenerde benötigt. Die Bügelhacke eignet sich für gröbere Arbeiten, etwa zum Loshacken von Grassoden oder starken Wurzeln. Es gibt sie in verschiedenen Breiten. Nehmen Sie am besten eine schmale Ausführung (12 cm breit).

Die kleine Gartenhacke kann beidseitig benutzt werden. Auf der einen Seite befindet sich ein gerade oder herzförmig geschmiedetes Blatt, auf der anderen Seite stehen zwei oder drei Zinken, die für gute Bodendurchlüftung sorgen. Aus Stabilitätsgründen sollte der Kopf aus einem Stück geschmiedet sein.

Pflanzschaufel

Mit der Pflanzschaufel setzen Sie Gemüsepflänzchen in die Beete. Sie ist geformt wie eine kleine, längliche Schaufel, die vorn in eine Spitze zuläuft. Das Blatt aus gewalztem Edelstahl sollte gehärtet und mit einem massiven Holzstiel aus Buche oder Esche versehen sein.

Grubber

Bügelhacke

Pflanzschaufel

Anlage und Vorarbeiten

Holzpflöcke und Setzschnur

Diese zwei Hilfsmittel sollten Sie parat haben, wenn Sie ganz gerade Saatreihen auf Ihren Beeten ziehen wollen.

Anlage von Wegen und Zäunen

Die Wege im Gemüsegarten und zwischen den Beeten werden locker befestigt, damit sie bei Bedarf leicht wieder versetzt werden können. Empfehlenswert ist eine Kiesdecke mit Steineinfassung für den Hauptweg und für die Wege zwischen den Beeten Trittsteine oder ein Belag aus Rindenmulch.

Garten in Illerbeuren

Die Wegeverbindungen im Gemüsegarten

Die Wege zwischen dem Gemüse sollten sorgfältig abgesteckt werden, schon im Hinblick auf die richtige Entwässerung. Markieren Sie mit Schnureisen und Maurerschnur den Verlauf des Weges und legen Sie das richtige Gefälle fest. Dann heben Sie den Untergrund etwa 20 cm tief aus und verdichten ihn. Die Rinne füllen Sie lagenweise mit Splitt, Kies und Brechsand. Jede Schicht wird mit dem Rechen nach Maßgabe der Schnüre planiert und abgerüttelt.
Wässern Sie die Schicht aus Brechsand vor dem Verdichten

Strohmulch zwischen den Beeten

mit einer Schlauchbrause. Dadurch bindet der Kalk ab, die Kiesdecke bleibt aber dennoch wasserdurchlässig. Zuletzt streuen Sie die gesamte Fläche mit Kiesel oder Ziersplitt ab.
Kieswege benötigen eine feste Randausbildung. Fassen Sie die Wegekanten mit Klinker ein, die Sie hochkant und quer auf ein Mörtelbett setzen und verfugen.
Auch für Einfassungen aus Natursteinpflaster müssen Sie einen genügend tiefen Graben an den Rändern ausheben.
Dann setzen Sie die Steine auf ein etwa 10 cm hohes Mörtelbett. Wenn Sie Ihren Kiesweg mit Fichtenstangen einfassen wollen, schlagen Sie im Abstand von etwa zwei Metern angespitzte Holzpflöcke in die Erde,

legen die Holzstangen entlang des Weges an und heften sie mit Nägeln fest. Die Pflöcke sollten nicht mehr als 3 cm über die Stange hinausragen.

Auch zwischen den Gemüsebeeten sollten Sie schmale Wege anlegen. Damit erleichtern Sie sich die Gartenarbeit ungemein. Das Wegebaumaterial sollte sich leicht wieder aufnehmen lassen, damit eine wechselnde Beeteinteilung möglich ist.

Schön sehen Trittsteine, zum Beispiel bemooste Terrassenplatten oder Ziegelsteine, zwischen den Beeten aus. Sie können aber auch eine 5 cm dicke Schicht aus Rindenmulch auftragen. Rindenmulch ist jedoch ein wahres Paradies für Wurzelunkräuter wie Quecke oder Hahnenfuß, die dann nur schwer aus dem verdichteten Boden zu ziehen sind. Wenn Sie eine Bahn alten Teppich oder Filz unter die Rinde legen, entfällt der Kampf.

Sie können die Wege aber auch mit Stroh oder Laub auslegen. Diese lassen Unkraut nur schwer aufkommen und verrotten langsam. Der Boden unter den Wegen bleibt locker, sodass die Wurzeln der angrenzenden Gemüsepflanzen auch von dort Nährstoffe aufnehmen können.

Auch wenn Sie Ihren Garten nicht

Trittsteine

mehr vor Wildtieren schützen müssen, ist es dennoch sinnvoll, ihn nach außen hin durch eine Hecke oder einen Zaun abzugrenzen. Dadurch wird ein Garten zu Ihrem ganz privaten Refugium, in dem Sie ungestört gärtnern oder sich entspannen können.

Holzzäune

Selbstverständlich sollte die Einfriedung nicht wie ein uneinnehmbares Bollwerk wirken, sondern neben der praktischen Funktion auch einen erfreulichen Anblick bieten. Holzzäune erscheinen inmitten von Vegetation nicht als Fremdkörper und bieten einen passenden Hinter-

grund für schöne Bepflanzungen. Ein Lattenzaun oder ein Staketenzaun aus halbierten Fichtenstämmchen lässt sich leicht selbst bauen. Die senkrechten Hölzer werden oben und unten an zwei waagerechte Latten oder Rundhölzer genagelt. Im Abstand von zwei bis drei Metern müssen stabile Stützpfosten in die Erde eingebaut werden.

Wenn Sie keine Betonfundamente bauen wollen, schützen Sie den Teil des Holzpfostens, der mit der Erde in Berührung kommt, durch äußerliches Verkohlen vor Fäulnis.

Drahtzäune

Zäune aus Draht stellen eine preiswerte und nützliche Alternative dar. Wenn Sie sie mit Wicken oder Winden begrünen, wird die Nüchternheit des Drahtgeflechts bald unter einem Blütenmantel verschwinden.

Tipp

Fichtenbretter als „Beetwege" werden leicht zu Stolperfallen, da sie sich im Sommer werfen. Ähnlich wie Rundhölzer als Beeteinfassung stellen sie nur eine provisorische Lösung für die erste Phase der Anlage eines Gemüsegartens dar.

Anlage und Vorarbeiten

Hecken

Auch Hecken sind klar umrissene Umzäunungen. Sie bieten einen optimalen Sichtschutz und für viele Vögel einen idealen Lebensraum.

Für kleinere Gärten eignen sich gemischte Blüten- und Beerensträucherhecken aus Heckenrose, Kornelkirsche, Eberesche und Feuerdorn, gemischt mit Blütensträuchern wie Flieder, Schneeball und Buddleja. Wenn Sie mehr Platz zur Verfügung haben, sollten Sie sich für freiwachsende Hecken aus überwiegend einheimischem Gehölz wie Weißdorn, Hundsrose oder Haselnuss entscheiden.

Kompostieren

Nur auf einem gesunden Boden wächst auch gesundes Gemüse. Die besten Bedingungen dafür schaffen Sie, indem Sie die Bodenfauna mit hochwertigem, selbst bereitetem Kompost versorgen. So ergeben natürlich verwertete Küchen- und Gartenabfälle richtig kompostiert wertvollen Dünger und verbessern die Qualität Ihrer Gartenerde.

Die richtige Kompostbereitung ist keine geheime Wissenschaft, auch wenn es dem Gartenneuling manchmal so vorkommen mag. Allerdings ist ein Komposthaufen auch keine Müllkippe für alle Abfälle, die planlos übereinander geworfen irgendwann einmal zu faulen und zu stinken beginnen, statt sich in gute nährstoffreiche Erde zu verwandeln. Machen Sie sich einmal bewusst, unter welchen Bedingungen die Umsetzungsprozesse in der Natur am besten funktionieren.

Für die Verrottung organischer Substanzen ist vor allem eine gute Durchlüftung nötig. Deshalb ist ein lockerer Aufbau besonders wichtig. Mischen Sie die eher feuchten, klebenden Bestandteile Ihres Komposthaufens mit groben, holzigen Komponenten. Diese sorgen für Hohlräume, durch die Sauerstoff zirkulieren kann. Bodentiere und Mikroorganismen zersetzen die Abfälle und wandeln sie in fruchtbaren Humus um. Zu ihren elementaren Lebensbedingungen gehört ein mäßig feuchtes Milieu. Zu viel Nässe verklebt die aufgesetzten Abfälle und sie beginnen zu faulen. Aus trockenen

> **Tipp**
>
> Wenn Ihre Gartenerde schwer und lehmig ist, schichten Sie am Boden der Kompostmiete eine Lage grob zerkleinerter Zweige auf. Damit sorgen Sie für eine gute Durchlüftung und eine wirkungsvolle Drainage.

Holzzaun

Komposter

Bereichen ziehen sich die Bodenlebewesen in tiefere und feuchte Bodenschichten zurück.

Wärme ist für die rasche und gleichmäßige Verrottung also unentbehrlich. Wenn Sie die Bodenlebewesen mit schnell verwertbaren, zerkleinerten Abfällen und zusätzlichen Stickstoffgaben versorgen, werden sie mit ihrer Stoffwechselenergie den Komposthaufen gleichmäßig erwärmen.

Legen Sie Ihren Kompostplatz in einer leicht beschatteten Gartenecke an, zum Beispiel unter einem Holunder- oder Haselnussbusch. Nasskalte Winkel in tiefem Schatten, aber auch trockene, heiße Standorte sind ungeeignet.

Wenn Sie für eine Kompostanlage mit Mieten keinen Platz in Ihrem Garten haben (eine Miete braucht wesentlich mehr Fläche als ein Silo), besorgen Sie sich im Fachhandel eine stabile Kompostkiste aus Holz bzw. eine Komposttonne aus Metall oder Kunststoff, die ebenfalls im leichten Schatten eines Strauches oder Baumes aufgestellt werden sollte. Die Behälter werden auf nicht versiegelte, gelockerte Erde gestellt.

Achten Sie beim Kauf darauf, dass die Vorderseite der Tonne leicht zu öffnen ist, damit Sie Abfälle hinein- und fertigen Kompost herausschaufeln können.

Anlage einer Kompostmiete

Sammeln – zerkleinern – mischen

Bevor Sie mit dem Aufsetzen der Miete beginnen, sollten Sie bereits auf einem kleinen Sammelplatz eine größere Menge verschiedener organischer Abfälle gesammelt haben: Reste von abgeernteten Gemüsebeeten, Staudenstängel, ausgerissenes Unkraut (möglichst ohne Samen), Laub, Baum- und Heckenschnitt, Kräuter und Küchenabfälle. Zerkleinerte Abfälle zersetzen sich wesentlich schneller. Deshalb sollten Sie holzige Stängel oder Zweige mit einer Garten-

Komposttonne

Anlage und Vorarbeiten

schere klein schneiden. Weiches Kompostmaterial wird mit einem Spaten zerschlagen. Für größere Mengen Heckenschnitt sollten Sie sich einen Häcksler ausleihen. Anschließend mischen Sie die trockenen, holzigen Teile mit den nassen, frischen Substanzen.

Aufsetzen des Komposts

Setzen Sie die Miete auf offenem, lockerem Boden auf, damit ein lebendiger Austausch mit der Erde stattfinden kann. Die Miete kann in beliebiger Länge aufgebaut werden, die Breite sollte ein- bis einhalb Meter betragen. Schichten Sie Ihre gesammelten und zerkleinerten Gartenabfälle so auf, dass die Miete mindestens einen Meter hoch ist; nur dann kann sie sich genügend erwärmen.

Dünger und Kompoststarter

Guter Gartenkompost benötigt normalerweise keine besonderen Zusatzstoffe. Hilfreich sind jedoch Kalk und Hornmehl oder andere stickstoffhaltige, organische Düngemittel, von denen Sie immer wieder kleine Portionen zwischen die Lagen streuen können.

Im Handel sind Kompoststarter oder -beschleuniger erhältlich. Als Gartenneuling sollten Sie Ihrem Kompost etwas davon zusetzen, damit Sie nicht zu lange auf ermutigende Resultate warten müssen. Im folgenden Jahr können Sie das Bodenleben in einer neu aufgesetzten Miete fördern, indem Sie ein paar Schaufeln von Ihrem fertigen, alten Kompost unter die frischen Abfälle mischen. Die fertige Miete wird am Schluss mit einer Schicht Stroh, Gras oder Laub abgedeckt, damit sich Wärme und Feuchtigkeit im Innern des Haufens gut halten können.

Halten Sie die Miete stets gleichmäßig feucht, indem Sie sie bei trockenem, heißem Wetter mit Regenwasser oder verdünnter Brennnesseljauche gießen bzw. übermäßige Regengüsse durch eine Abdeckung aus Brettern oder Folien von ihr fernhalten.

Verteilen auf den Beeten

Bei warmem Sommerwetter dauert die Umsetzung der Abfälle in

> **Tipp**
>
> Lassen Sie einen kleinen Teil des Grobkomposts länger ausreifen, bis ein dunkelbrauner, stark erdiger Reifekompost entstanden ist. Damit lassen sich Saatreihen und Pflanzlöcher fein ausfüllen.

Sieben des fertigen Komposts

Ausbringen des Komposts auf den Beeten

> **Tipp**
>
> Auf gar keinen Fall dürfen Sie Kompost untergraben. Es genügt, einen Kontakt zwischen Erd- und Humusschicht herzustellen, damit alle wertvollen Substanzen in den Boden dringen können.

Kompost etwa drei bis vier Monate, im Herbst aufgesetzte Mieten kommen erst bei schönem Frühlingswetter so richtig in Gang. Wenn sich alle Abfälle weitgehend zersetzt und ein braunes, erdiges Aussehen angenommen haben, verteilen Sie den Grobkompost auf Ihren Gartenbeeten. Sie können Ihren Humus im Herbst oder im zeitigen Frühjahr – am besten an einem windstillen, feuchten Tag – ausbringen. Lockern Sie vorher die Erde auf den Beeten und entfernen Sie alles Unkraut.

Streuen Sie den Kompost über der gesamten Fläche aus. Er wird nur ganz leicht mit einer Harke in die Erdoberfläche eingekratzt. Bedecken Sie anschließend das Beet mit einer Mulchschicht. Unter dieser wird aus Ihrem Kompost eine fruchtbare Humusschicht entstehen, die Ihren Gemüsepflanzen eine Saison lang ausreichend Nahrung liefert. Wenn Sie partout im Frühjahr mit dem Gärtnern anfangen wollen, eigener Kompost aber noch nicht vorhanden ist, sollten Sie sich eine kleine Menge fertigen Kompost oder Regenwurm-Humus im Fachhandel oder in einer kleineren Gärtnerei besorgen. Gehen Sie sehr sparsam mit dem kostbaren Substrat um und füllen Sie nur jeweils eine Hand voll in die Pflanzlöcher und in die Saatreihen.

Bodenbearbeitung

Mit dem vorhandenen Gartenboden hat die Natur die Voraussetzungen geschaffen, nach denen Sie Ihre Pflege- und Düngemaßnahmen ausrichten müssen. Lernen Sie deshalb, Sandböden, Lehmböden und Tonböden voneinander zu unterscheiden.

Zeigerpflanzen

Achten Sie darum, bevor Sie mit der Rodung Ihres Gemüsegartens beginnen, besonders auf die dort wild wachsenden Pflanzen. Sie gedeihen nicht zufällig an dieser oder einer anderen Stelle. Vielmehr siedeln sich die verschiedenen Pflanzengemeinschaften nur auf bestimmten Böden, unter besonderen Licht- und Feuchtigkeitsverhältnissen an. Ihre typischsten Vertreter, die so genannten „Zeigerpflanzen", geben Ihnen darüber Auskunft, wie Ihr Gartenboden beschaffen ist.

Bodenanalyse

Um die Gartenerde gezielt düngen zu können (siehe Seite 38), müssen Sie Klarheit gewinnen über die Nährstoffzusammensetzung in Ihrem Boden. Dazu ist eine Bodenanalyse unerlässlich. Wie hoch der Kalkanteil in Ihrem Boden ist, können Sie ganz leicht selbst untersuchen.

Im Handel sind dafür einfache Kalktests erhältlich. Sie geben Ihnen Aufschluss darüber, welchen pH-Wert Ihre Gartenerde hat. Die meisten Gartenpflanzen fühlen sich in einem neutralen Humus am wohlsten, also in einem pH-Bereich zwischen sechs und sieben.

> **Tipp**
>
> **Woher die Bodenanalyse?**
> Lassen Sie die chemische Analyse am besten in einem biologisch ausgerichteten Labor durchführen. Dort sind die Preise zwar höher, Sie bekommen jedoch eine ausführliche Beschreibung Ihres Bodens und auf Wunsch Empfehlungen, wie Sie mit naturgemäßen Mitteln Mängel ausgleichen und Fehler beim Düngen vermeiden können.

Anlage und Vorarbeiten

Zeigerpflanzen

Wildkräuter, die Ihnen die Qualität Ihres Bodens anzeigen

Humusreiche gute Gartenerde	Echte Kamille Melde Große und Kleine Brennnessel Vogelmiere Ackersenf Hirtentäschelkraut	**Humoser Lehmboden**	Huflattich Ackerhahnenfuß Klettenlabkraut Ackerkratzdistel
Kalkreiche Erde	Wegwarte Kleiner Wiesenknopf Wiesensalbei	**Nasser Lehmboden**	Scharbockskraut Löwenzahn Kriechender Hahnenfuß Breitwegerich
Kalkarme Erde	Stiefmütterchen Adlerfarn Hundskamille Kleiner Ampfer	**Sandboden**	Hasenklee Mohn Frühlingshungerblümchen Saatwucherblume

Schicken Sie jedoch auf jeden Fall zusätzlich eine Bodenprobe an ein Speziallabor, um über alle anderen Werte des Bodens genau Bescheid zu wissen. Von den Landwirtschaftlichen Untersuchungs- und Forschungsanstalten erfahren Sie, kurz und bündig in Prozentangaben, alles über die Bodenart, den pH-Wert, den Kalkzustand und den Phosphor- und Kaligehalt Ihrer Gartenerde. Meist wird auch der Magnesiumgehalt untersucht.

Die günstigste Zeit für eine Bodenuntersuchung ist der späte Herbst, bevor Sie neuen Kompost auf den Beeten verteilen. Sie können aber auch im Februar oder März noch Proben verschicken.

Untersuchungen über Rückstände im Boden sind für private Gartenbesitzer zu aufwändig und kostspielig. Wenn Sie wissen, dass Ihr Vorgänger mit synthetischen Düngesalzen und Insektiziden gewirtschaftet hat, richten Sie Ihre Bemühungen vor allem darauf, der Natur beim Abbau der schädlichen Substanzen zu helfen.

Unkraut jäten und Boden lockern

Vor dem Aussäen muss hartnäckiges Unkraut mitsamt seinen Wurzeln entfernt und der Boden tiefgründig gelockert werden. Denn eilig bestellte Gemüsebeete bieten im Sommer häufig ein trauriges Bild: Wurzelunkräuter wachsen aus dem Boden und Salatpflänzchen fristen ein trauriges Dasein in nasser, fester Erde.

Hier ein paar Tipps, wie Sie wuchernde Unkräuter beseitigen und für einen lockeren Boden sorgen können.

Wildkräuter mit starken Wurzelstöcken wie Brennnessel, Gräser oder Hahnenfuß graben Sie am besten mit der Grabgabel aus. Stechen Sie die Gabel rund um die Pflanze tief in die Erde und versuchen Sie dabei, die Wurzel etwas anzuheben. Dann ziehen Sie die Pflanze vorsichtig mit

Jäten und Lockern mit der Grabgabel

Bodenbearbeitung mit dem Sauzahn

beiden Händen aus der Erde, damit Sie alle kleinen Wurzelausläufer aus dem Boden lösen. Arbeiten Sie an der gerodeten Stelle noch einmal gründlich die Erde durch, um alle Wurzel- und Pflanzenreste aufzusammeln.

Das ist besonders wichtig bei Pflanzen wie Acker- oder Zaunwinde, die aus kleinsten Wurzelstückchen neue Pflanzen bilden können. Nachwachsende Triebe müssen während der gesamten Vegetationsperiode immer wieder herausgerissen werden, damit die Pflanze geschwächt wird. Ziehen Sie auch alle anderen Pflanzen nach diesem Prinzip aus der Erde: zuerst den Boden mit der Grabgabel lockern, dann das Unkraut so sorgfältig wie möglich entfernen.

Am günstigsten ist es, den Boden bereits im Herbst vorzubereiten und dann zu mulchen. Wenn Sie im Frühjahr die Mulchdecke beiseite ziehen, ist die Erde darunter locker. Sie können die Beete aber auch erst im Frühjahr bearbeiten, sobald der Boden abgetrocknet und genügend erwärmt ist

Wenn Sie auf diese Weise das Beet durchgearbeitet haben, nehmen Sie jetzt den sichelförmigen Sauzahn zur Hand. Ziehen Sie ihn in diagonalen Linien möglichst tief durch die Erde. Zuerst in die eine Richtung, dann noch einmal im rechten Winkel dazu, sodass ein netzartiges Muster entsteht.

Der Sauzahn schont Ihren Rücken, da Sie mit ihm aufrecht stehend arbeiten können. Anschließend krümeln Sie mit einer leichten Hacke die Erde fein. Arbeiten Sie ruhig und gleichmäßig einen Streifen nach dem anderen durch, dann glätten Sie das Beet mit einem Rechen.

Gründüngung

Zum Trost für alle Gärtner, die es mit stark vernachlässigter und verdichteter Gartenerde zu tun haben, hält die Natur Pflanzen

Anlage und Vorarbeiten

Gründüngungspflanzen

Name	Bodenart	Aussaatzeit
Ackerbohne	günstig sind mittelschwere, lehmige, feuchte Böden	März bis Mai
Gelbsenf	mittelschwer, alkalisch	März bis September, schnell wachsend
Inkarnatklee	lehmige Böden, leicht sauer	Juli bis September, winterhart
Gelbe Lupine	sandig, sauer	April bis Mai, einjährig
Ölrettich	mittelschwere bis schwere Böden; gut bei verdichteten Böden	April bis September, tief reichende Pfahlwurzeln
Ringelblume	wächst überall	April bis Mai, einjährig, schöne Blüte

bereit, die den Boden nicht nur tiefgründig lockern, sondern auch zur Nährstoff- und Humusanreicherung beitragen.

Die Gründüngungspflanzen wachsen üppig während des Sommers und beschatten mit ihrer Blattmasse den Boden. Im Spätsommer oder Herbst wird die Gründüngung abgemäht. Die Wurzeln bleiben im Boden. Sie zerfallen über den Winter und hinterlassen poröse, luftige Erde. Blätter und Stängel können Sie zum Teil als Mulchdecke liegen lassen, der andere Teil wird kompostiert. Oder Sie lassen einjährige Gründüngungsarten, die nicht so hoch wachsen, einfach im Winter abfrieren. Die Pflanzenteile bedecken dann den Boden und verrotten an Ort und Stelle. Hierbei geben sie Nährstoffe ab und reichern damit den Humus an.

Suchen Sie sich Pionierpflanzen heraus, die Ihnen auch optisch gefallen. Arten wie Sonnenblume, Gelbsenf, Wicke, Ringelblume oder Bienfreund sorgen mit ihren Blüten für Farbe. Während diese Pflanzen den Boden verbessern, verschönern sie gleichzeitig Ihren Gemüsegarten.

Tipp

Kartoffeln als Bodenpfleger

Nicht nur nützlich, sondern auch nahrhaft ist die Bodenverbesserung mit Kartoffeln. Das dichte Laub unterdrückt nachwachsendes Unkraut und die Knollen lassen nach dem Klauben einen herrlich lockeren Boden zurück.

Tipp

Wo es möglich ist, decken Sie Winden ständig mit Wellpappe oder schwarzer Folie ab. Die Winden verkümmern unter dieser Bedeckung.

Pflegearbeiten

Pflegearbeiten

Pflanzenanzucht im Freiland

Ziehen Sie Saatrillen in Längsrichtung über das Beet. Das geht am einfachsten mit einer Gärtnerschnur, ersatzweise mit zwei angespitzten Holzpflöcken und Paketschnur, die Sie abrollen, während Sie langsam zum anderen Ende des Beetes gehen.

An der Schnur entlang ziehen Sie mit einem Holzstock oder dem Stiel eines Rechens eine etwa einen Zentimeter tiefe Saatrille. Sie können aber auch auf das exakte Abstecken verzichten und stattdessen die Reihen mit einer langen Holzlatte in die Erde drücken.

Wie weit die Saatreihen auseinander liegen müssen, können Sie auf der Rückseite der Samentüten nachlesen. Das ist bei allen Gemüsearten verschieden. Wenn Sie Ihre Beete erst im Frühjahr mit Kompost versorgen können, füllen Sie etwas Reifekompost in die Saatrillen bzw. Pflanzlöcher, indem Sie ihn dünn mit den Fingern hineinkrümeln.

Jetzt können Sie mit dem Säen beginnen. Die heranwachsenden Pflänzchen werden später nachgedüngt.

Die Samen sind so verschieden in ihrem Aussehen wie die Gemüsearten, die aus ihnen wachsen. Der erfahrene Gärtner weiß, wie dick die unterschiedlichen Samen mit Erde bedeckt sein müssen. Der Anfänger wird auf den Samentüten nachsehen, wie tief die Rillen sein sollen. So genannte Lichtkeimer werden nur mit der Hand leicht in die Erde gedrückt.

Je nach Form und Größe der Samen gibt es verschiedene Handgriffe, um die Samen nicht zu dicht in die Reihen zu bringen. Größere Samen können Sie aus der Tüte zwischen die Finger nehmen und gleichmäßig in den Rillen verteilen.

Sehr kleines Saatgut können Sie ebenso verteilen, wenn Sie es in

Saatrillen schließen

Saatrillen ziehen

Säen im Freiland

der Hand mit ein wenig Sand mischen. Sie können aber auch direkt aus der Tüte säen, indem Sie die Samenkörner in spitzem Winkel aus der Tüte in die Erde fallen lassen.

Samen müssen zum Keimen feucht und warm liegen. Deshalb werden sie mit der Hand, einem Holzbrettchen oder dem Rücken eines Rechens leicht an die Erde angedrückt. Dann schließen Sie die Saatreihen mit einer dünnen Schicht Kompost oder Erde und klopfen die Erde behutsam fest.

Die Aussaaten sollten immer mit Namensschildern versehen wer-

Etikettieren

den. Sie können Plastik- oder Holzetiketten mit wasserfestem Stift beschriften oder Ästchen oben mit einem Messer spalten und die Samentüten hineinstecken.

Nun muss die Aussaat noch angegossen werden. Gießen Sie nur mit temperiertem Wasser, am besten aus einer Tonne und mit einer feinen Brause. Zu heftige Wassergüsse würden die Samenkörner wieder aus der Erde schwemmen.

Die Aussaat muss, bis die ersten grünen Blättchen erscheinen, immer gleichmäßig feucht gehalten werden. Alle Mühe war umsonst, wenn Sie nur einmal während der Keimzeit den Boden austrocknen lassen, da sonst die winzigen Triebe verdorren würden. Wenn Sie Ihre Saat einmal aus den Augen lassen müssen, behelfen Sie sich mit feuchten Säcken, die Sie über die Saatrillen legen. Sobald Sie die Saatreihen erkennen, mulchen Sie den Boden dazwischen – zunächst dünn, später etwas dicker.

Aussaat im Frühbeet

> **Tipp**
>
> Es gibt eine Faustregel. Die meisten Samenkörner dürfen nur so hoch mit Erde bedeckt sein, wie sie selbst dick sind. Meistens ist das nur eine dünne Schicht, nur kräftige Samen dürfen etwas tiefer liegen.

> **Tipp**
>
> **Die Markiersaat dient der Orientierung im Gemüsegarten**
>
> Anfängern im Gemüseanbau ist eine so genannte Markiersaat bei langsam keimenden Samen zu empfehlen. Dazu werden ein paar Radieschensamen mit in die Reihen gestreut. Besonders bei Möhren ist dieser Trick hilfreich. Die robusten Radieschen sind schnellwüchsig, Sie haben auf diese Weise die Saatreihe bald vor Augen. Beim Unkrautjäten können Sie so sichergehen, kein Möhrenpflänzchen, sondern auch wirklich ein Unkraut herauszuziehen.

Pflegearbeiten

Gärtnern unter Glas

Wer nach der winterlichen Zwangspause Heißhunger auf frisches Grün und gesunde Vitamine hat, der sollte ein Frühbeet in seinem Garten anlegen. Der traditionelle Frühbeetkasten lässt sich ganz leicht selbst bauen und bietet einen erheblichen Wachstumsvorsprung im Frühling, der sich durch deutlich frühere Ernten auszeichnet. Denn mit Glas oder Folie abgedeckter Boden erwärmt sich zu Jahresbeginn zeitiger und bleibt im Herbst länger warm. Außerdem hält der geschlossene Kasten oder Folientunnel die Wärme fest.

So entsteht ein temperierter Raum – ähnlich einem Gewächshaus. Ein Frühbeet eignet sich sowohl zur Aussaat und Anzucht von Setzlingen, die erst nach den Eisheiligen ins Freiland kommen, als auch für den Anbau empfindlicher Kulturen und das schneefreie Überwintern von robustem Salatgemüse.

Ein warmer Frühbeetkasten lässt sich aus Brettern leicht selbst bauen. Bewährt haben sich die Maße 1,5 Meter tief und 1,6 bis 2,4 Meter breit bei einer Fensterbreite von 0,8 Meter. Ein Frühbeet sollte zwei bis drei Fenster haben. Breitere Fenster sind sehr schwer und dadurch auch wesentlich unhandlicher. Die Rückwand muss 20 bis 25 cm höher als die Vorderseite sein, damit die Fenster schräg aufliegen können. Richten Sie Ihr Treibbeet so aus, dass sich die Fenster nach Süden hin öffnen lassen. Nur so werden die Setzlinge voll von der Sonne beschienen. Als Abdeckung können Sie auch mit Folie bespannte Holzrahmen verwenden.

Der Frühbeetrahmen kann auch aus fertigen Betonelementen gebaut oder aus Ziegelsteinen gemauert werden.

Ihre ersten Frühbeetversuche sollten Sie unbedingt mit dem so genannten „kalten Kasten" machen. Das heißt, Ihr rundum

Frühbeet

Salat im Frühbeet

> **Tipp**
>
> Richten Sie Ihr Frühbeet möglichst nah am Wohnhaus ein. Sie müssen jeden Tag die Fenster schließen oder – je nach Witterung und Sonneneinstrahlung – öffnen.

geschütztes Gartenbeet wird nur mit Sonnenenergie erwärmt und nicht wie beim Mistbeet zusätzlich mit einer „Fußbodenheizung" aus frischem Pferdemist. Füllen Sie Ihren Frühbeetkasten mit besonders guter Erde. Mischen Sie dazu reifen Kompost mit Sand, etwas Steinmehl und Rindenhumus.

Schütten Sie die Erde nur so hoch auf, dass für die Pflanzen noch genügend Platz bleibt.

Dann können Sie entweder Salat, Kohlrabi, Radieschen und Kräuter für eine frühe Ernte anpflanzen oder Ihre Jungpflanzen preiswert selbst heranziehen. Im Sommer ist im Frühbeet dann Platz für wärmeliebende Pflanzen wie Gurken oder Paprika.

Im zeitigen Frühjahr braucht Ihr Frühbeet zusätzlichen Schutz vor den strengen Nachtfrösten. Errichten Sie um den Rahmen herum einen kleinen Wall aus Laub oder Stroh; in sehr kalten Nächten sollten Sie außerdem Bretter oder Schilfmatten auf die Fenster legen.

Bei sonnigem Wetter wird es im Frühbeetkasten sehr warm. Um Krankheiten und Schädlingsbefall zu vermeiden, müssen Sie stets gut lüften, indem Sie die Fenster durch Holzstützen mehr oder weniger aufrichten bzw. abnehmen. Am Nachmittag jedoch sollten Sie die Fenster oder die Folie wieder rechtzeitig schließen, damit die Wärme erhalten bleibt.

Im Frühbeet oder Folientunnel muss der Boden gut gemulcht werden, damit er nicht austrocknen und wärmeliebendes Unkraut nicht aufkommen kann.

Gießen Sie in den späten Vormittags- oder frühen Nachmittagsstunden, denn bis zum Abend müssen die Pflanzen unbedingt wieder abgetrocknet sein.

Gärtnern unter Folie

Unter einem schützenden Folientunnel kommen Aussaaten und Setzlinge so gut voran, dass Sie etwa zwei Wochen früher ernten können. Die wärmende Beetüberdachung hat gegenüber dem fest gebauten Frühbeet den Vorteil, dass sie auf jedem normalen Gartenbeet aufgestellt und nach Bedarf versetzt werden kann.

Folientunnel

Pflegearbeiten

> **Tipp**
> Die Samen profitieren davon, wenn Sie die Beete schon einige Zeit vor dem Aussäen oder Pflanzen abdecken.

Folientunnel bestehen aus Kunststoff-Folie, die über Federstahlbügel gespannt wird. Im Handel gibt es eine Vielzahl preisgünstiger Modelle für verschiedene Beetbreiten zu kaufen. Wenn Sie einen Folientunnel selbst bauen wollen, brauchen Sie zunächst ein stützendes Gerüst aus halbrunden Bögen. Sie können starken Draht dafür verwenden oder Rundeisen in einer Werkstatt biegen lassen. Auf einem 1,2 Meter breiten Beet sollte der Folientunnel etwa einen Meter überspannen, so bleibt seitlich noch genug Platz, um die Folie zu befestigen.

Setzen Sie die Bügel in einem Abstand von 50 bis 100 cm, wenn Ihr Folientunnel nicht allzu lang werden soll. Bei längeren Tunnels werden die Bögen in größeren Abständen gesetzt und erhalten dann eine Drahtverspannung. Jetzt breiten Sie in Längsrichtung die Folie über dem Gerüst aus. Sie wird an den beiden Schmalseiten wie eine Gardine zusammengerafft und mit einem Ziegelstein beschwert. Die Längsseiten schlagen Sie am besten um ein schmales Brett, das ebenfalls mit Steinen beschwert wird, damit der Wind die Konstruktion nicht auflösen kann. Im Tunnel können die Kulturen bis zur Ernte belassen werden, wenn Sie immer gewissenhaft lüften.

Je nach Witterung können Sie unter dem Folientunnel ab Mitte März mit den ersten Aussaaten beginnen. An warmen Frühlingstagen lüften Sie, indem Sie nur die Schmalseiten öffnen und die Folie mit Wäscheklammern am ersten Bogen befestigen. Im Sommer wird die Folie zum Jäten, Gießen und Lüften an den Seiten hochgeschoben. Im Winter ist es ratsam, die Ränder des Tunnels einzugraben, damit die winterharten Gemüse optimal vor Schnee und Regen geschützt sind. Wenn Ihnen der Bau eines Folientunnels zu aufwändig ist, können Sie die Folie auch nur über das Beet breiten und an den Seiten befestigen.

Im Gegensatz zum Folientunnel ist es wichtig, die aufgelegte Folie nur als Starthilfe einzusetzen und die Kulturen wieder aufzudecken, sobald die Pflänzchen sich kräftig genug entwickelt haben und die Temperaturen steigen.

Aussaat auf der Fensterbank

Warten Sie mit dem Abdecken, bis es trübe oder regnerisch ist, um den verwöhnten Pflänzchen die Umstellung zu erleichtern. In voller Sonne würden sie sehr schnell welken.

Die abgedeckten Folien werden trocken zusammengelegt und bis zur Anzucht im nächsten Frühjahr in einem dunklem Raum aufbewahrt.

Anzucht auf der Fensterbank

Während draußen noch Schneeschauer niedergehen, hält im Haus schon der Frühling Einzug. Der Gemüsegarten-Nachwuchs für das kommende Gartenjahr braucht aber immer Pflege und Aufmerksamkeit.

Erst im Mai, da auch bei uns die Erde wieder genügend erwärmt ist, sind die vorkultivierten Setzlinge kräftig genug, um ins Freiland umzuziehen.

Für die Vorkultur auf der warmen Fensterbank eignen sich zum Beispiel Tomaten, Zucchini, Paprika, Gurken und Basilikum. Stellen Sie zunächst die passenden Gefäße bereit: Im Grunde können Sie jedes beliebige Gefäß verwenden (zum Beispiel Tonschalen, Blumentöpfe, Joghurtbecher oder einen ausgedienten Römertopf), vorausgesetzt, es hat eine Tiefe von mindestens 2,5 cm und im Boden Abzugslöcher. Besonders praktisch sind beheizbare Anzuchtkästen mit Plexiglashaube.

Für die Einzelaussaat von größeren Samen, von Gurken oder Zucchini etwa, verwenden Sie am besten Torfpresstöpfe oder Multitopfplatten. Darin haben die Keimlinge von Anfang an genügend Platz, wenn Sie nur ein bis zwei Samenkörner in jeden Topf legen. Sie können aber auch statt der Töpfchen einfache Eierkartons nehmen. Diese benötigen dann keine zusätzliche Drainage.

Bei allen anderen Gefäßen werden die Abzugslöcher mit den Scherben eines zerbrochenen Tontopfes abgedeckt. So können sie nicht verstopfen und der

Keimende Saat auf der Fensterbank

Tipp

Besser ist es, wenn Sie ein höheres Dach selbst konstruieren. Biegen Sie zwei starke Drähte und stecken Sie sie über Kreuz in den Topf. Darüber spannen Sie durchsichtige Folie, die mit einem Gummiband am Topfrand festgehalten wird.

Pflegearbeiten

Anzucht von Salatpflanzen

Wasserabzug funktioniert. Fixieren Sie nun die Scherben, indem Sie als unterste Lage reinen Sand in die Töpfchen füllen.
In flachen Gefäßen darf diese Drainageschicht nur etwa einen halben Zentimeter hoch sein, in höheren Töpfen ungefähr 2 cm. Damit die Aussaaten nicht austrocknen, sollten Sie Gefäße ohne Haube bis zum Auflaufen der Samen mit Glasscheiben oder Folie abdecken – oder Sie stecken die ganze Saatschale in eine Plastiktüte.
Die Abdeckungen werden entfernt, sobald die Pflänzchen das zweite Blattpaar gebildet haben.
Gute Aussaaterde ist die Basis für den Erfolg der Aussaat. Die im Fachhandel erhältlichen Aussaatsubstrate sind optimal geeignet.
Sie können Ihre Aussaaterde aber auch selbst herstellen. Mischen Sie dazu zwei Drittel reifen, krümeligen Kompost mit einem Drittel gewaschenem Sand und ein wenig Rindenhumus. Bis zum Rand der Töpfchen muss unbedingt 1 cm Platz bleiben, damit Sie ohne Schwierigkeiten gießen können.
Danach drücken Sie das Substrat leicht an und gießen die Erde mit einer feinen Brause.
Das Säen auf so kleinem Raum erfordert etwas Fingerspitzengefühl. Seien Sie sparsam mit dem Saatgut und streuen Sie die Körnchen nicht zu dicht. Feine Samen können Sie mit der Spitze eines Messers oder einer angefeuchteten Glasscherbe in die Erde „tupfen".
Die großen Samenkörner der Gurken, Melonen und Zucchini sollten Sie vor der Aussaat über Nacht in lauwarmem Wasser quellen lassen. So können die Keimblätter später leichter durch die Saathülle dringen. Sie werden wie Tomaten- und Paprikasamen einzeln in Töpfe gelegt. Nun übersieben Sie die Aussaat ganz fein mit Erde, drücken die Oberfläche nochmals leicht an und besprühen sie mit einem Wasserzerstäuber.
Die Pflanzgefäße werden anschließend an einen warmen, hellen Ort gestellt. Ein Südfenster ist allerdings ungeeignet. Wählen Sie möglichst ein Ost- oder Westfenster, das Sie bei zu intensiver Sonneneinstrahlung in der Mittagszeit durch eine Jalousie abblenden können.
Die Erde in den Anzuchtgefäßen müssen Sie gleichmäßig feucht halten. Gießen Sie mit Bedacht, denn übermäßige Nässe schadet den Pflänzchen.
Lüften Sie die Aussaat außerdem täglich, indem Sie die Abdeckung für einige Zeit ganz entfernen.

Vermeiden Sie jedoch beim Lüften unbedingt eiskalte Luft und Durchzug.

Tipp

Bevor Sie mit dem Pikieren oder Umtopfen beginnen, werden die Pflanzen reichlich gegossen. Dadurch lösen sich die Wurzeln leichter aus der Erde.

Pikieren und Auspflanzen

Sind die Sämlinge so groß, dass man sie gut mit zwei Fingern fassen kann, werden sie in Torftöpfchen, Multitopfplatten oder in flachen Kistchen vereinzelt (so genanntes Pikieren).
Die Erdmischung muss sehr mager sein, dann entwickeln die Jungpflanzen kräftige Wurzeln. Mischen Sie zu gleichen Teilen Reifekompost und reinen Sand.
Stellen Sie die pikierten Sämlinge dann an einen warmen und halbschattigen Ort und halten Sie sie gleichmäßig feucht. Wenn sie neue Blätter treiben, wissen Sie, dass die Pflänzchen angewachsen sind.
Gemüsearten mit längerer Vorkultur wie zum Beispiel Tomaten und Zucchini, müssen später nochmals in etwas größere Töpfe umgepflanzt werden, sobald der Erdballen fest und von einem dichten Netzwerk feiner Wurzeln eingesponnen ist. Alle anderen Pflänzchen, vor allem Salatpflanzen, können bei günstiger Witterung direkt aus den Saatschalen bzw. Torftöpfchen ins Freiland umgepflanzt werden. Bevor die Setzlinge ihren endgültigen Platz im Freiland einnehmen, sollten sie schrittweise und behutsam abgehärtet werden. Beginnen Sie mit dem Abhärten der Pflänzchen bereits im

Keimendes Gemüse und Blumen unter Glas

Tipp

Alle frostempfindlichen Pflanzen dürfen erst nach den Eisheiligen auf die Gartenbeete. In raueren Gegenden sollten Sie nicht vor dem 20. Mai mit dem Auspflanzen beginnen.

Zimmer, indem Sie bei warmer Witterung immer häufiger lüften. Nach einigen Tagen können Sie die Pflanzen bei mildem Wetter tagsüber ins Freie tragen. Wenn Sie sie im Frühbeet angezogen

Pflegearbeiten

haben, nehmen Sie die Fenster über Tag ab und legen Sie sie erst am Abend wieder auf. Zuletzt lässt man die Pflanzen Tag und Nacht im Freien.

Ausgepflanzt wird an einem trüben Tag oder in den Abendstunden. In der hellen Sonne werden die Pflänzchen leicht welk. Lösen Sie die feuchten Wurzelballen aus den Töpfen und halten Sie den Setzling in das mit der Kelle ausgehobene Pflanzloch. Nun wird das Pflanzloch wieder mit Erde aufgefüllt, die Erde rund um die Pflanze angedrückt und mit einem weichen, wohl dosierten Wasserstrahl gut angegossen.

Lenken Sie den Wasserstrahl direkt auf das Erdreich über den Wurzeln. Nehmen Sie dazu die Brause ab, schließlich soll das Pflänzchen nicht überbraust werden, sondern trocken bleiben. Die Pflanzgrube sollte nicht zu klein sein, die Wurzeln dürfen an keiner Stelle abgebogen werden. Wenn Sie in das Pflanzloch zusätzlich eine Hand voll reifen Kompost geben, erhält der Setzling eine gute Starthilfe.

Tipp

Brennnesselschnitt und Beinwellblätter liefern einen besonders nahrhaften Spezialmulch. Brennnesseln tragen zu gutem Humus bei, Tomaten gedeihen besonders prächtig auf kalihaltigem Beinwellmulch. Beide Kräuter sollten Sie kontrolliert in Ihrem Garten anpflanzen – etwa am Rand des Kompostplatzes oder bei den Jauchetonnen.

Frisch verpflanzte Setzlinge neigen in den ersten Tagen zum Welken. Schützen Sie sie deshalb in dieser Zeit mit Schattenleinen oder Hütchen aus Zeitungspapier vor allzu starken Sonnenstrahlen.

Setzen Sie die Jungpflanzen so tief in die Erde, wie sie vorher in den Töpfchen standen. Nur bei Tomaten dürfen die Stängel ganz im Erdreich verschwinden, da sie an dem Stängelteil, der im Boden ist, zusätzlich Wurzeln entwickeln. Streuen Sie zwischen den kleinen Pflanzen eine dünne Mulchdecke aus, damit die Bodenfeuchtigkeit erhalten bleibt. Am besten eignet sich dafür feiner, angetrockneter Rasenschnitt. Vermeiden Sie eine allzu dicke Lage oder große Blätter zum

Strohmulch

Mulchen, denn darunter finden Schnecken, die Jungpflanzen mit Genuss verzehren, einen idealen Unterschlupf. Gedüngt wird in diesem Stadium höchstens mit etwas stark verdünnter Brennnesseljauche, aber erst, wenn die Jungpflanzen angewachsen sind und neue Blätter bilden.

Mulchen

Mulchen bedeutet, den Boden zu bedecken, um seine Feuchtigkeit zu erhalten und das Unkraut unter Kontrolle zu halten. Es ist keine Düngung im eigentlichen Sinn, die damit verbundene Nährstoffzufuhr hat jedoch einen ähnlichen Effekt. Organisches Mulchmaterial wie Kompost, Laub oder Rasenschnitt ist zu-

Grasschnitt zwischen den Reihen

gleich Futter für Regenwürmer und andere nützliche Bodentiere. Außerdem hilft eine Mulchdecke, die Früchte kriechender Gemüsearten sauber zu halten und sie vor Krankheitskeimen zu schützen. Denken Sie nur an die trockene Strohschicht unter reifen Erdbeeren. Mulch hält den Boden im Sommer kühl und im Winter warm; unter einer Mulchdecke bleibt der Boden locker und lebendig.

Doch womit mulcht man? Verwenden Sie zerkleinerte, pflanzliche Abfälle wie Grasschnitt, altes Stroh, Laub, Unkraut ohne Samen oder getrocknete Blätter von Gemüse- und Blumenbeeten.

Dieses Material wird als lockere Decke auf den Beeten und zwischen den Pflanzreihen ausgebreitet. Ist es schon leicht verrottet, lässt es sich leichter verteilen. Rasenschnitt sollten Sie erst einen Tag abtrocknen lassen, sonst bildet sich eine pappige Masse.

Eine andere Möglichkeit des Mulchens ist die Flächenkompostierung mit angerottetem, halb-

Mulchpapier und Häckselschnitt

Pflegearbeiten

Gemüsegarten

reifem Kompost. Er wird ausgestreut und dünn mit Gras oder zerkleinerten Pflanzenteilen abgedeckt.
Schließlich stellt auch die Gründüngung eine optimale Bodenbedeckung dar. Senfsaat oder Leguminosen bilden zunächst einen lebenden Pflanzenteppich. Später wird die Gründüngung abgemäht und bleibt als grüne Decke auf dem Beet liegen.

Mulchen Sie nie, wenn der Boden sehr kalt, sehr nass oder sehr trocken ist, denn durch Mulchen wird der Zustand des Bodens erhalten. In der Regel ist die beste Gelegenheit zum Mulchen die Zeit nach dem Pflanzen. Wenn Sie im Sommer den Boden vor dem Mulchen ausgiebig wässern, brauchen Sie kaum noch zu gießen.
Bevor Sie mulchen, sollten Sie die Erde mit einer kleinen Hacke oder einem Grubber leicht aufharken. Die Mulchdecke wird locker und nicht zu dick aufgetragen, damit Regenwasser und genügend Sauerstoff hindurchdringen können.
Normalerweise reicht schon eine Schicht von 5 cm aus. Nur sehr leichtes, trockenes Material, wie zum Beispiel Strohstreu, dürfen Sie dicker auftragen. Packen Sie die Pflanzen aber nicht bis zum Hals in Mulch ein, sondern lassen Sie dem Stängel ein wenig Luft.
Im Spätsommer und im Herbst arbeitet man die Reste der Mulchdecke in den Boden ein. Dann werden alle abgeernteten Beete mit neuem Mulch winterfest zugedeckt. Im Frühling ziehen Sie die Mulchdecke nur mit dem Rechen beiseite. Der Boden darunter ist feinkrümelig und bereit für neue Kulturen.

Naturgemäß düngen

Auch in einem biologisch bewirtschafteten Garten dürfen Gemüse, Obst und Blumen nicht einfach ihrem Schicksal überlassen werden. Wer dicke, feste Kohlköpfe und schmackhafte Erdbeeren ernten möchte, muss sein Gemüse richtig pflegen und mit Nährstoffen versorgen.
Industriell hergestellte mineralische Dünger enthalten die Hauptnährstoffe Stickstoff, Phosphor und Kali in hoher Konzentration und in einer für Pflanzen leicht verfügbaren Form. Dadurch werden die Pflanzen zu raschem Wuchs angeregt. Der Nachteil ist jedoch, dass die Widerstandskraft der Gewächse gegen Krankheiten und Schädlinge oft nachlässt und das häufig aufgeschwemmt wirkende Gewebe weniger nahrhaft ist.
Da die Pflanzenernährung von außen erfolgt, wird das Bodenleben nicht mehr gefordert. Die wertvolle Gartenerde verarmt, denn chemische Dünger sind allein nicht in der Lage, neuen Humus zu bilden.
Der Grundstock zu einer biologischen Düngung ist der eigene Kompost, der vorzugsweise im Herbst auf die Beete ausgebracht wird und für ein gesundes

> **Tipp**
>
> Hühner-, Tauben- oder Entendung ist sehr scharf. Er muss immer erst kompostiert oder als Jauche angesetzt werden, sonst kann er an den Pflanzen Verbrennungen verursachen.

Bodenleben und Pflanzenwachstum sorgt. Neben dem Kompost spielt auch die Gründüngung eine wichtige Rolle. Sobald ein Beet nicht sofort wieder angesät oder bepflanzt wird, sollten Sie Gründüngung einsäen.

Die abgeschnittene Grünmasse dient im Anschluss als ausgezeichnete Flächenkompostierung. Noch wertvoller ist jedoch das in der Erde zurückbleibende Wurzelwerk, denn es reichert die Erde mit organischer Substanz an, durchlüftet auch tiefere Bodenschichten und reguliert den Wasserhaushalt.

Vor allem in der Zeit, in der Sie Ihren Gemüsegarten auf die biologische Methode umstellen und der Boden noch humusarm ist, brauchen Erde und Pflanzen zusätzliche Nahrung in Form von organischem Dünger. Das gilt vor allem für die so genannten Starkzehrer wie Kohl, Gurken, Kürbis, Melone, Sellerie, Tomaten und Kartoffeln.

Im Gegensatz zu den Mittelzehrern (Karotten, Salate, Fenchel, Spinat, Knoblauch und Zwiebeln) und den Schwachzehrern (Bohnen, Erbsen) benötigen sie eine Extraportion Nährstoffe. Mischen Sie also in diesen Fällen organischen Dünger unter die Gartenerde. Das sind Düngemittel tierischer oder pflanzlicher Herkunft, wie Pferde- oder Kuhmist, Hornspäne und Rizinusschrot, aber auch Flüssigdünger, wie zum Beispiel die häufig verwendete Brennnesseljauche. Bevor Sie jedoch beginnen, Nährstoffe oder Kalk über die Beete zu streuen, müssen Sie über Ihre Gartenerde ganz genau Bescheid wissen.

Dort, wo die natürlichen Vorräte ausreichen, würde eine zusätzliche Düngung mit organischen Mitteln nur Schaden anrichten. Wo aber Mangel herrscht an einem ganz bestimmten Nährstoff, müssen Sie gezielt nachhelfen. Sobald Sie die Zusammensetzung Ihrer Gartenerde kennen, können Sie den Dünger ausbringen, den Ihre Gartenerde braucht.

Organische Dünger

Rinder- und Pferdemist sowie Horn-Blut-Knochenmehl sind organische Volldünger, die Stickstoff, Phosphor und Kali enthalten. Mist wird zuerst in Mieten aufgesetzt und kompostiert. In die Zwischenlagen kommt Erde oder ein wenig Tonmehl, jedoch auf keinen Fall Kalk. Rindermist mit Stroheinstreu ist am besten. Er sollte wie jeder andere Mist von Tieren stammen, die artgerecht gehalten werden. Verrotteter Rinder- oder Pferdemist ist ein ausgezeichneter Nährstofflieferant für Gurken, Tomaten und andere Starkzehrer.

Horn-Blut-Knochenmehl können Sie im Handel gebrauchsfertig kaufen. Es wird ausgestreut und

Brennnesseln zerkleinern

Pflegearbeiten

Brennnesseljauche ansetzen

unter die Gartenerde gemischt. Da es sich im Boden nur langsam auflöst, eignet es sich gut als lang wirksame Vorratsdüngung.

Hornmehl, Hornspäne und Rizinusschrot sind natürliche Dünger mit sehr viel Stickstoff. Horndünger enthalten auch reichlich Phosphor, aber kein Kali. Rizinusschrot, aus der tropischen Rizinuspflanze gewonnen, enthält dagegen Kali. Diese stickstoffbetonten Dünger eignen sich für alle Stark- und Mittelzehrer im Gemüsegarten.

Knochenmehl, Geflügelmist und Peru-Guano besitzen einen sehr hohen Phosphoranteil. Geflügelmist sollte immer aus artgerechter Kleintierhaltung stammen. Im weitesten Sinne ist auch Peru-Guano Geflügelmist. Er wird an den Küsten Perus gewonnen, wo Seevögel ihren Kot an manchen Stellen meterhoch ablagern.

Achten Sie darauf, dass dem Guano kein Hühnermist beigemischt wurde. Der reine Guano ist sehr wertvoll, Sie benötigen davon nur kleine Mengen.

Holzasche können Sie gezielt bei Kalimangel einsetzen. Sie können Sie im Handel kaufen, aber auch Asche aus Ihrem eigenen offenen Kamin verwenden. Allerdings dürfen Sie kein anderes Material als Holz, zum Beispiel Brikett, mit verbrannt haben.

Stein- und Tonmehle sowie Kalk sind – streng genommen – keine Nährstofflieferanten, sondern Bodenverbesserungsmittel. Kalk ist in vielen organischen Düngern schon enthalten; bereits kleine Mengen gleichen eine leichte Übersäuerung des Bodens aus. Steinmehle fördern die Bodenfruchtbarkeit durch ihren hohen Gehalt an Spurenelementen. Eine Hand voll Gesteinsstaub, ins Pflanzloch oder zwischen die Kulturen gestreut, kann nur Gutes bewirken.

Brennnesseljauche

Ein besonderes Kapitel sind die Naturdünger zum Nulltarif, die Jauchen. Diese Flüssigdünger wirken an den Pflanzen wahre Wunder, ohne sie zu übermäßigem Wuchs anzutreiben und den Boden zu überdüngen.

Gerade für den Beginn Ihrer Gärtnerlaufbahn ist die Brennnesseljauche sehr empfehlenswert. Wenn Sie Brennnesselbrühe an die Wurzeln Ihrer Tomaten gießen, können Sie geradezu mitverfolgen, wie diese Nährlösung auf das Pflanzenwachstum wirkt.

Reine Brennnesseljauche sowie gemischte Pflanzenjauchen (ein Teil Brennnesseln und ein Teil

Jauche ausbringen

> **Tipp**
>
> Decken Sie das Gefäß für die Brennnesseljauche unbedingt mit einem Drahtgeflecht in einem Holzrahmen ab, damit keine Vögel oder Kleintiere in der Jauche ertrinken können. Den Holzrahmen können Sie leicht abnehmen oder hochklappen, wenn Sie die Jauche umrühren wollen.

gemischte Wild- und Gartenkräuter) können Sie mehrmals während der Vegetationsperiode an Ihre stark wachsenden Pflanzen gießen.

Die Herstellung ist denkbar einfach: Zum Ansetzen der Jauche nehmen Sie möglichst ein Holzfass, aber auch Ton-, Steingutoder Plastikgefäße eignen sich gut. Dagegen dürfen Sie keinen Behälter aus Metall verwenden wegen der chemischen Verbindungen, die beim Gärungsprozess in diesem Fall entstehen würden.

Brennnesseln können Sie zwei- bis dreimal im Jahr, jeweils vor der Blüte schneiden. Für die Herstellung der Jauche benötigen Sie 1 kg frisches Kraut (etwa einen Arm voll) auf 10 Liter abgestandenes Wasser bzw. Regenwasser. Oder Sie füllen einfach die Tonne mit Kraut, drücken es leicht an und füllen sie mit Regenwasser auf. Wenn Sie das Kraut klein hacken, verläuft die Gärung schneller.

Beschweren Sie die Kräuter, vor allem, wenn sie trocken sind, mit einem Stein, damit sie von Wasser bedeckt sind. Auch das fördert eine rasche Gärung.

Die Jauche muss täglich mindestens einmal kräftig umgerührt werden, und zwar so, dass möglichst viel Sauerstoff in die Brühe gelangt. Geben Sie ungefähr 24 Stunden nach dem Ansetzen eine gute Hand voll Steinmehl auf 10 Liter Flüssigkeit sowie eventuell einige Tropfen Baldrianblütenextrakt hinzu. Diese Maßnahme hilft wesentlich, den kräftigen Duft der Jauche, den andere als Gestank bezeichnen mögen, abzumildern. Wenn Sie das Fass in der Sonne aufstellen, reift die Jauche schneller als im Schatten.

Sie ist vergoren, sobald sie eine dunkle Färbung angenommen hat, nicht mehr schäumt und die Geruchsbildung nachlässt. Von diesem Zeitpunkt an können Sie das Fass mit einem Deckel verschließen.

Die Brennnesseljauche ist nun lange Zeit haltbar und jederzeit verfügbar. Vor der Anwendung sollte sie allerdings mindestens im Verhältnis 1:10 mit Wasser verdünnt werden.

Wenn die Brennnesselbrühe zur Pflanzenstärkung über die Blätter

Schädlingsbekämpfung mit pflanzlichen Mitteln

Auch Algenextrakt stärkt die Widerstandskraft Ihrer Pflanzen

Pflegearbeiten

Biologische Maßnahmen gegen die häufigsten tierischen Schädlinge

Nacktschnecken
- schneckenabwehrende Pflanzen wie Senf oder Kapuzinerkresse als Zwischenkultur aussäen
- Farn- und Tomatenblätter als Bodendecke auslegen
- Schneckenzaun, z. B. „Bio-Fix", aufstellen
- Ring aus Sägemehl oder scharfem Sand um Gurken- oder Salatpflanzen streuen
- mit Bier gefüllte flache Gefäße in die Erde eingraben
- feuchte Säcke, Bretter oder große Blätter auslegen und Schnecken darunter absammeln
- Laufenten halten

Läuse
- Boden häufig lockern und gießen
- Läuse abstreifen und zerdrücken bzw. mit kaltem Wasserstrahl aus dem Gartenschlauch abwaschen
- taufeuchte Pflanzen (nicht bei Regenwetter) während der Hauptwachstumszeit einmal wöchentlich mit Gesteinsmehl oder Algenkalk bestäuben
- Spritzen mit Kräuterjauche oder -brühe bzw. Schmierseifenlösung
- biologisches Pflanzenschutzmittel aus dem Handel: Neudosan

Ameisen
- Pflanzenjauche sprühen
- Algenkalk stäuben
- heißes Wasser in die Nester gießen
- Cohrs Ameisen-Streumittel

Kohlfliege
- Mischkultur mit Tomaten vertreibt den Schädling
- Pflanzen mit Kräuterjauche gießen
- Pflanzen mit Gesteinsmehl oder Algenkalk bestäuben
- Kohlkragen aus runden Scheiben Teerpappe herstellen: an einer Stelle bis zur Mitte aufschneiden und um den Stängel der Pflanze legen
- Neudorffs Gemüsefliegennetz

Kohlweißling	• Eier und Raupen regelmäßig absammeln • vorbeugend mit Wermutjauche oder Tomatenblätterauszug spritzen • Neudorffs Raupenspritzmittel
Wühlmäuse	• Geruchsbelästigung erzeugen: Thujazweige, Knoblauchzehen oder Fischköpfe in die Gänge legen bzw. Holunderblätterjauche hineingießen • Geräuschbelästigung erzeugen: kräftige Eisenstange in die Erde eingraben und mehrmals täglich mit dem Hammer dagegen schlagen bzw. „Mole Stop" aus dem Handel eingraben • Fallen aufstellen oder pflanzliche Giftköder wie „Quiritox" auslegen
Lauchmotte	• befallene Blätter zurückschneiden • mit Rainfarnjauche besprühen • in Mischkultur mit Möhren und Sellerie anbauen • mit Bacillus-thuringiensis-Präparaten spritzen • Neudorffs Gemüsefliegennetz
Erdflöhe	• Boden feucht halten • mit Algenkalk oder Gesteinsmehl bestäuben • zweimal wöchentlich Pflanzenjauche oder -brühe sprühen
Erdraupen	• Erde hacken und Raupen sammeln • Rainfarn- oder Wermutjauche rund um die Pflanzen gießen • Fadenwürmer im Boden • Studenten- und Ringelblumen pflanzen
Kartoffelkäfer	• regelmäßig absammeln • mit Brennnesseljauche gießen • Pflanzen mit Algenkalk bestäuben

Pflegearbeiten

Bierfalle

Häckselwege gegen Schnecken

gebraust werden soll, gießen Sie sie vorher durch ein feines Sieb, damit die Pflanzenrückstände nicht die Düsen der Brause verstopfen.

Meistens jedoch gießt der Gärtner die nahrhafte Flüssigkeit mit breitem Strahl direkt in den Wurzelbereich der Pflanzen, wo die Pflanzenrückstände nicht stören. Die meisten Pflanzen im Gemüsegarten können mit dieser preiswerten und schnell wirkenden Nährlösung gedüngt werden. Nur Bohnen, Erbsen, Zwiebeln und Knoblauch mögen die stickstoffreiche Düngung nicht.

Biologischer Pflanzenschutz

Wenn Sie in Ihrem Garten das Bodenleben verbessert und durch geeignete biologische Anbau- und Düngemaßnahmen optimale Verhältnisse für ein gesundes Pflanzenwachstum geschaffen haben, ist der erste Schritt zu einem schädlingsfreien Garten getan. Grundsätlich muss im Nutzgarten aber mit unerwünschten Nutznießern gerechnet werden.

Ein wichtiger Beitrag zum Pflanzenschutz besteht darin, für Nützlinge Lebensräume in unseren Gärten zu schaffen. Nützliche Insekten sind zum Beispiel Flor- und Schwebfliegen, deren Larven Blattlausfeinde sind. Sie sind auf Nahrungsquellen angewiesen, die Sie in Ihrem Garten kultivieren sollten: Wiesenkerbel, Petersilie, Dill, Phacelia und Lippenblütler. Stein- und Asthaufen dienen Schneckenfressern wie Igel, Blindschleiche, Eidechse und Erdkröte als idealer Unterschlupf. Auch Mäusevertilger wie Iltis und Wiesel schätzen Behausungen dieser Art. Hecken mit einheimischen beerentragenden Büschen und Nistkästen locken Vögel an, die Insekten

in Schach halten. Aber auch Mischkulturen mit Kräutern wehren Schädlinge ab.

Tritt im Garten dennoch eine Krankheit oder ein Schädlingsbefall auf, sollten Sie zunächst alles tun, um die betroffenen Pflanzen zu stärken und widerstandsfähiger zu machen. Lockern, wässern und mulchen Sie das Beet und gönnen Sie den Pflanzen einen kräftigen Düngeguss Pflanzenjauche. Versuchen Sie zunächst durch Gitter und Fallen sowie durch Absammeln und das Entfernen befallener Pflanzenteile die Schädlinge zu verringern.

Sollten diese Maßnahmen nicht die gewünschte Wirkung zeigen,

Tipp

Wählen Sie zum Lagern und Einmachen nur Früchte ohne Fäulnisstellen aus. Ernten Sie am besten an trockenen Tagen, denn nasses Gemüse fault schneller.

können Sie pflanzliche Schädlingsbekämpfungsmittel selbst herstellen und die Pflanzen damit behandeln.
In der Tabelle (S. 42/43) finden Sie die häufigsten tierischen Schädlinge und die Maßnahmen, die Sie gegen sie anwenden können.

Frühbeetkasten als Miete

Ernten und konservieren

Im Herbst ist es an der Zeit, Gründüngung einzusäen bzw. frei werdende Beete zu lockern und mit Humus zu versorgen. Wer auf einen milden Winter hofft, sät noch einmal Radieschen, Feldsalat, Spinat und Winterportulak, vorzugsweise in ein Frühbeet.

Hauptsächlich werden Sie aber alle Hände voll zu tun haben, die Ernte so zu konservieren, dass sie einen ganzen Winter über erhalten bleibt. Eingelagertes Gemüse ist durchaus vergleichbar mit frisch geernteten Früchten. Wenn Sie Ihr Gemüse im Freien überwintern oder im Keller einlagern, bleiben Nährstoffe und Aroma am besten erhalten.

Frostharte Sorten von Wintergemüsen wie Porree, Grün- und Rosenkohl bleiben auf den Beeten stehen; Feldsalat, Endivien, Winterpostelein und Zuckerhut können unter einem Folientunnel oder einer Abdeckung aus Reisig bis Januar ausdauern.

Pastinaken, Schwarzwurzeln und Topinambur sollten immer im Freien überwintern, da sie im Keller zu schrumpeln anfangen.

Gemüse lagern in Kübeln

Diese Gemüsesorten gewinnen sogar an Geschmack, wenn sie einmal durchfrieren. Schlagen Sie sie am besten in einem Frühbeet ein oder in einer flachen Grube, die Sie mit Maschendraht gegen Mäusefraß auslegen. Die Wurzelgemüse werden auf eine Lage Stroh gelegt und mit Maschendraht und dicht gelegtem Fichtenreisig abgedeckt. Kohlköpfe werden mit dem Kopf nach unten in einer spatentiefen Grube eingeschlagen, mit einem kleinen Erdwall, aus dem die Strünke herausragen, abgedeckt

Pflegearbeiten

Stroh schützt vor Frost

Zwiebelzopf

oder in Horden. Während für alles Gemüse eine Lagertemperatur unter vier Grad Celsius günstig ist, sollte das Thermometer im Kartoffelkeller nicht unter diese Marke sinken, da die Knollen sonst süß werden.

Wenn Sie keinen geeigneten Keller haben, lassen sich Gemüse und Obst in speziellen Truhen einlagern, die bis zum Deckel in der Erde vergraben werden. Sie können aber auch Ton- und Steingutgefäße oder eine ausgediente Wäschetrommel eingraben, um einen Keller zu ersetzen. Am solidesten ist eine etwa 70 cm tiefe Erdkammer mit Wänden aus Ziegelsteinen.

und mit einer zusätzlichen Lage Stroh versorgt.
Die Keller unserer modernen Häuser bieten keine optimalen Lagerungsbedingungen mehr für Gemüse. Jedoch lassen sich Wurzelgemüse und Kartoffeln einigermaßen sicher über den Winter bringen, wenn der Lagerraum nach Norden liegt und durch geeignete Lüftung Temperatur und Feuchtigkeit geregelt werden können. Durchlaufende Heizrohre sollten gut isoliert, der Boden des Lagerbereichs wenigstens mit Lehm gestampft oder Backsteinen ausgelegt sein. Möhren, Rote Bete, Petersilienwurzeln und Sellerie werden in mäßig feuchten Sand so eingeschlagen, dass eine Durchlüftung noch möglich ist. Lagerkartoffeln liegen in einer dunklen Ecke auf dem offenen Boden

Pflanzenkunde von A–Z

Pflanzenkunde von A–Z

Blattsalate

Endivie
(Cichorium endivia)

Der Endiviensalat, unter dem man meist die Winterendivie versteht, ist der bekannteste Vertreter der Zichoriensalate. Wie Chicorée, rotblättriger Radicchio und Zuckerhut haben auch die Endiviensalate einen leicht bitteren Geschmack. Es gibt glattblättrige und krausblättrige Sorten mit unterschiedlichen Reifezeiten. Die beliebtesten Sorten der Winterendivie sind „Bubikopf", „Escariol grüner" und „Frisée".

Endiviensalat

Standort
Je enger die Pflanzen stehen, desto eher bleicht das Innere von selbst. Endiviensalate brauchen viel Licht und einen stets feuchten Boden.

Pflege
Sommerendivien werden wie Kopfsalat ab März/April ausgesät und bis spätestens Anfang August in ein mit Kompost und Steinmehl versorgtes Beet verpflanzt. Düngen Sie mit Pflanzenjauche nach. Bestäuben Sie die Köpfe des Endiviensalates mit Steinmehl, damit sie nicht so leicht zu faulen beginnen.

Ernte und Verwendung
Endivien sollten so lange wie möglich auf den Beeten bleiben. Schützen Sie die Köpfe mit einer Plastikfolie und ernten Sie sie nur in trockenem Zustand. Die letzten Salatköpfe können mit den Wurzeln in feuchtem Sand eingeschlagen werden und im Keller überwintern. Sie können Endiviensalat bleichen, indem Sie ihm einfach für zehn bis zwölf Tage einen Topf über den Kopf stülpen. Die Blätter werden zart und gelb, jedoch gehen auch wichtige Inhaltsstoffe verloren.

Feldsalat

Feldsalat oder Rapunzel
(Valerianella locusta)

Die bescheidene kleine Pflanze aus der Familie der Baldriangewächse wird schon seit Jahrhunderten als Salat kultiviert. Feldsalat ist frosthart, darum zieht man ihn vorwiegend als Herbst- und Wintersalat. Besonders frostharte, mehltauresistente Sorten sind „Dunkelgrüner Vollherziger" und „Hilds VIT".

Standort
Feldsalat kommt beinahe mit jedem Boden aus, wenn das Beet mit Kompost vorbereitet wurde. Als Nachkultur gedeiht Rapunzel gut auf Kartoffelbeeten.

Pflege
Säen Sie möglichst bei kühlem Wetter oder schattieren Sie das Beet, sonst keimen die Samen unregelmäßig.

Ernte und Verwendung

Sie können Feldsalat gut wie Pflücksalat von Herbst bis Frühling ernten. Eine größere Ausbeute erhalten Sie jedoch, wenn Sie die ganzen Rosetten ernten. Für die Ernte im Winter und Frühjahr nimmt man im Herbst mehrere Folgesaaten vor, am besten im Frühbeet. Aber auch unter Fichtenreisig und Folie erhält man bei geschlossener Schneedecke frischen Feldsalat. Rapunzel hat einen weitaus höheren Vitamin-C- und Eisengehalt als Kopfsalat.

Kopfsalat
(Lactuca sativa var. capitata)

Bei den Kopfsalaten unterscheidet man zwei Sorten: den Grünen Salat und den Eissalat. Eissalat wird auch Eisbergsalat oder wegen seiner knackigen Blätter auch „Krachsalat" genannt. Grüner Salat ist zart und mild im Geschmack. Er kommt besser als die meisten Salatarten mit einem geringeren Lichtangebot zurecht, weshalb es auch viele Wintersorten gibt, wie „Maiwunder" oder „Winterbutterkopf".

Lernen Sie auch die roten Sorten kennen. Sie schießen nicht so schnell bei Hitze und bringen leuchtende Farben in den Gemüsegarten.

Der Eissalat hat ein kräftigeres Aroma als der Grüne Salat. Bei den Eissalatsorten unterscheidet man den „Laibacher Eis", der sehr mehltau- und virusresistent ist, den „Lüneburger Eis" und den ebenfalls mehltauresistenten „Great Lakes".

Standort

Kopfsalat benötigt kein eigenes Beet, er kann als Nebenkultur angepflanzt werden. Geben Sie ihm einen sonnigen Platz; denn im Schatten bildet er keine festen Köpfe.

Blattsalat-Variationen

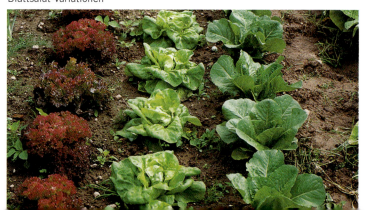

Tipp

Kopfsalat schützt seine Nachbarn vor Erdflöhen. In dafür anfälligen Kulturen können Sie einige Kopfsalate als „Köderpflanzen" einsetzen. Petersilie und Kopfsalat sind sich allerdings spinnefeind.

Pflege

Der Kopfsalat hat keine hohen Ansprüche. Bereiten Sie das Beet im Herbst mit Kompost vor, und geben Sie während der Vegetationsperiode Pflanzenjauche in den Wurzelbereich. Wichtig ist aber ausreichend Feuchtigkeit für die Pflanzen, vor allem auf Beeten, die nicht gemulcht sind. Der Eissalat hat einen etwas höheren Nährstoffbedarf und sollte deshalb mit Brennnesseljauche nachgedüngt werden.

Ernte und Verwendung

Im März und April wird der Frühlingskopfsalat, von April bis Juli werden die Sommersorten gesät. Die Jungpflanzen brauchen dann zwischen fünf und sieben Wochen, bis sie ausgewachsen sind. Der Eissalat wird von Mai bis Anfang Juli ausgesät und braucht bis zur Ernte im Durchschnitt zehn Tage länger als Grüner Kopfsalat. Eissalat ist zwar nicht frostfest, dafür verträgt er mehr

Pflanzenkunde von A–Z

Sonne und eignet sich besser zur Lagerung im Kühlschrank.

Pflück- und Schnittsalat
(Lactuca sativa var. secalina)

Pfück- bzw. Schnittsalat wächst in lockeren Rosetten und bildet keine Köpfe. Schnittsalatsorten sind „Hochblättriger Butter", „Amerikanischer Brauner" und „Australischer Gelber"; „Amerikanischer Brauner" und „Slobot Sperling's Salli" sind Pflücksalate. „Salad Bowl" ist sehr dekorativ und eignet sich hervorragend als dekorative Zwischenkultur oder Beeteinfassung.

Standort
Die Pflanzen wachsen auch noch gut im Halbschatten. Säen Sie immer wieder einmal eine Reihe

Pflück- und Schnittsalat

Amerikanischer Brauner

nach, damit keine Lücke entsteht.

Pflege
Pflück- oder Schnittsalate werden wie Kopfsalat behandelt.

Ernte und Verwendung
Schnittsalate schneiden Sie mit den Herzblättern ab, er wächst also nicht nach. Beim Pflücksalat werden immer nur die äußeren Blätter abgepflückt, dadurch sind zahlreiche Ernten möglich. Sie werden bis in den späten Herbst geerntet.

Winterportulak oder Winterpostelein
(Montia perfoliata)

Der Winterportulak bzw. Winterpostelein gehört zur Familie der Portulakgewächse, die in heimischen Gemüsegärten relativ selten vertreten sind. Der Wintersalat besitzt dekorative Blüten und fleischige, tütenförmige Blätter.

Standort
Der recht anspruchslose einjährige Winterportulak gedeiht am besten im Halbschatten. Er

kann milde Winter auch im Freien überdauern.

Pflege
Säen Sie die Samen breitwürfig oder in Reihen aus, bedecken Sie diese nur dünn mit Erde und halten Sie sie feucht. Im Winter sollten Sie die Beete mit Fichtenreisig oder Plastikfolie abdecken.

Ernte und Verwendung
Der Winterportulak kann den ganzen Winter bis zum Frühling geerntet werden, wobei die Pflanzen mehrmals geschnitten werden können. Der Vitamin-C-reiche Winterportulak bzw. -postelein kann sowohl roh als Salat als auch gekocht – ähnlich wie Spinat – zubereitet werden.

Zichoriensalat
(Cichorium intybus var. foliosum)

Zur Familie der Zichoriensalate gehören äußerst vielgestaltige, meist mehrjährige Pflanzen, wie der Chicorée, der rotblättrige Radicchio und der Zuckerhut. Die meisten Sorten (und Samen) sind jedoch nur in Italien erhältlich. Dennoch sind viele Zichoriensalate frostbeständiger als gemeinhin angenommen. Sie werden relativ selten von Schädlingen oder Krankheiten befallen, sind einfach zu kultivieren und werden gerade dann geerntet, wenn heimischer Salat aus dem eigenen Garten Mangelware ist: vom Herbst bis zum Frühjahr. Ziehen Sie in Ihrem Garten dunkelroten Radicchio oder den hohen Zuckerhut heran und Sie werden auch im Winter vitaminreiche Salate ernten können. Dann kommt auch der bei uns bekannte Treibchicorée auf den Tisch, dessen lange, kräftige Wurzeln im Herbst aus dem Boden genommen und in einem mäßig warmen Raum bei völliger Dunkelheit angetrieben werden, wobei sich die weißen Chicoréezapfen bilden. Sehr dekorativ sind die rotblättrigen Sorten des Treibchicorée. Übrigens: Auch die hellblauen Blüten des Chicorée sind essbar und die optische Krönung eines jeden Blattsalates.

Standort
Zichoriensalatpflanzen sind ausgesprochen anspruchslos. Sie bevorzugen einen sonnigen Standort und einen tiefgründigen Boden. Der Zichoriensalat samt sich selbst aus, dennoch ist es besser, Sie behandeln ihn als einjährige Pflanze und ziehen ihn jedes Jahr neu heran.

Pflege
Decken Sie die Köpfe des Radicchio während des Winters mit

Zuckerhut

51

Pflanzenkunde von A–Z

Mangold in Mischkultur mit Lauch

Folie oder Reisig ab, um sie vor Frost zu schützen. Sorgen Sie jedoch für eine gute Belüftung und entfernen Sie jedes faule Blatt sofort. Zuckerhut deckt man mit Stroh oder einer Schutzhaube ab bzw. pflanzt ihn gleich ins Frühbeet. So hält er oft bis in den Winter hinein.

Ernte und Verwendung
Ende Oktober graben Sie die Chicoréewurzeln aus, entfernen die grünen Blätter bis auf das Herz und schlagen die Wurzeln an einem kühlen Ort aufrecht stehend in ein Gefäß ein. Im Dunkeln wachsen dann die weißen Chicoréezapfen. Radicchio kann vom Herbst an geerntet werden. „Veroneser" bleibt im Freiland und kann von Dezember bis März geschnitten werden. Bei Frost sollten Sie ihn mit Reisig abdecken. „Palla Rossa" wird von Oktober bis Dezember geerntet und kann – wie auch der Zuckerhut – im Keller in feuchten Sand eingeschlagen werden. Der Zuckerhut wird sowohl als Salat als auch gedünstet zubereitet.

Blattgemüse

Mangold
(Beta vulgaris)

Die beiden Arten Blattmangold und Rippenmangold sind nahe Verwandte der Roten Bete, bei denen sich weniger die Wurzeln, als vielmehr die Blätter entwickelt haben. Sie werden jedoch häufig mit Spinat verwechselt. Mangold ist zweijährig und blüht erst im zweiten Jahr. Er verträgt mehr Frost, Hitze und Trockenheit als Spinat, allerdings sind die Blätter nicht so zart und der Geschmack nicht ganz so kräftig. Mangoldsorten sind „Lukullus" (Blattmangold), „Glatter Silber" (Rippenmangold) und „Feurio" (rotstielige Sorte).

Standort
Blattmangold und Rippenmangold benötigen ein Beet, das bereits im Herbst mit Kompost, Mulch und organischem Dünger vorbereitet worden ist.

Pflege
Mangold entwickelt ausgesprochen reiche Blattmengen, wenn Sie ihn ausreichend feucht halten. Zum Überwintern sollten Sie das Blattgemüse mit einer Laubdecke vor Frost schützen.

Ernte und Verwendung
Vom Mangold können Sie während des ganzen Sommers die äußeren Blätter ernten. Das „Herz" bleibt erhalten, damit die Pflanze nachwachsen kann. Die Verwendung des Blattmangolds gleicht der des Spinats, die „Rippen" des Rippenmangolds werden wie Spargel gekocht.

Spinat
(Spinacia oleracea)

Spinat neigt, sobald die Tage länger werden, zum frühzeitigen Blühen. Deshalb baut man ihn hauptsächlich im Frühjahr und Herbst an. Neuseeländer Spinat

Spinat

Winterspinat

wird in Töpfen im Warmen vorgezogen und nach den Eisheiligen ausgesät. Während des sonst spinatarmen Sommers können seine zarten Blätter und Triebspitzen geerntet werden. Speziell für Herbst und Winter geeignete Sorten sind: „Hiverna", „Vital" und „Monoppa".

Standort
Spinat liebt – wie Mangold – humushaltige, durchlässige, feuchte, gemulchte Böden und einen sonnigen Standort. Auf trockenen, steinigen Böden schießt er schnell in Blüte. Da Sie Blattgemüse generell nicht verpflanzen können, sollten Sie den Spinat nicht zu dicht säen.

Pflege
Die Beete sollten Sie mit Steinmehl versorgen, Horn-Blut-Knochenmehl kann bei Bedarf der Gartenerde beigemischt werden. Spinat reagiert sehr empfindlich auf Stickstoffüberdüngung.

Ernte und Verwendung
Spinat können Sie laufend frisch vom Beet ernten, solange die Blätter zart sind. Sie können das gesunde und vitaminreiche Gemüse auch einfrieren.

Fruchtgemüse

Gurke
(Cucumis sativus)

Für die Kultur im Freiland eignen sich für hiesige Breitengrade folgende Sorten des Tropengemüses: „Chinesische Schlangen" (lange Salatgurke), „Sperling's

> **Tipp**
>
> **Spinat in Mischkultur**
> Die frischen Blattgemüse sind im biologischen Garten ideale Mischkulturpartner. Die dichten Blätterreihen sorgen für Schatten und Feuchtigkeit auf den Beeten. Spinatwurzeln bleiben nach der Ernte im Boden, denn sie enthalten Saponine, die die Aufnahmefähigkeit der Pflanzen für Nährstoffe erhöhen. Außerdem vertreibt Spinatgeruch Erdflöhe aus davon befallenen Kulturen.

Frisches Fruchtgemüse aus dem eigenen Garten

Pflanzenkunde von A–Z

Freilandgurken

Mervita" (für Salat und zum Einlegen), „Vorgebirgstrauben" (widerstandsfähige Einlegesorte) und andere.

Standort
Gurken sind sehr wärmebedürftig und brauchen einen geschützten Platz (optimal ist ein offener Frühbeetkasten); sie dürfen jedoch nicht in der prallen Sonne stehen.

Gurkenpflanze

Pflege
Sie können die Freilandgurke mit ihren Trieben und Ranken auf dem Boden kriechen lassen, an einer Kletterhilfe aus Maschendraht oder Stahlgitter sind die Früchte jedoch besser vor Krankheiten geschützt.

Gurken beanspruchen viel Platz und müssen in humusreichen und feuchten Boden gesetzt werden. Heben Sie für jede Pflanze ein genügend großes Loch aus und mischen Sie die Erde mit reichlich Kompost und einer Hand voll Hornspäne.

Während der gesamten Wachstumszeit brauchen Gurken viel Wasser (gießen Sie nur mit abgestandenem, warmem Wasser) und hin und wieder einen Guss Pflanzenjauche. Bei starker Sonneneinstrahlung muss schattiert werden. Gurken sind anfällig für Pilzkrankheiten. Spritzen Sie vorbeugend mit Schachtelhalmbrühe. Tomaten und Gurken sollten nicht zu nahe beieinander stehen.

Ernte und Verwendung
Gurken werden zwischen Juli und September laufend frisch geerntet. Pflücken Sie die Gurken vorsichtig, damit Sie keine Ranken abreißen. Gurken eignen sich für frische Salate, zum Schmoren und zum Einlegen.

Kürbisse mit Zucchini

Kürbis
(Cucurbita pepo oder maxima)

Der Riesenkürbis liefert die größten und schwersten Früchte im Gemüsegarten. Die beliebten Sorten heißen „Riesenmelone", „Gelber Zentner" und „Grüner Zentner".

Standort
Der beste Platz für den Kürbis findet sich am Rand des Komposthaufens. Die Ranken ziehen Sie über den Haufen, um die Erde zu beschatten.

Pflege
Die Pflege ähnelt der von Gurken, jedoch braucht der riesige Kürbis von allem noch ein bisschen mehr. Das Kürbisbeet müs-

sen Sie noch reichlicher düngen, wässern und vor allem noch mehr Platz zur Verfügung stellen. Eine einzige Pflanze überwuchert leicht drei bis vier Quadratmeter.

Ernte und Verwendung

Kürbisse werden je nach Aussaat von Juli bis Oktober geerntet. Schieben Sie ein Holzbrettchen unter den Kürbiskopf, damit er vor Nässe geschützt ist. Wenn er beim Anklopfen hohl klingt, ist er reif zur Ernte. Das Fleisch eignet sich für Kompott ebenso wie für pikante Gerichte.

Tomate
(Lycopersicon lycopersicum)

Tomaten stammen aus den tropischen Ländern Süd- und Mittelamerikas. Bei uns sind vor allem zwei Wuchsformen bekannt: Am häufigsten sind die an einem Holz- oder Wellendrahtstab befestigten, etwa eineinhalb Meter hohen Tomatenpflanzen. Zunehmender Beliebtheit erfreuen sich aber auch die niedrigen Busch- oder Zwergtomaten. Außer in der Wuchsform unterscheiden sich die Tomaten auch in Größe, Form und Farbe.

Tomaten in unterschiedlichen Reifestadien

Standort

Tomaten sind das einzige Gemüse, das am besten gedeiht, wenn es Jahr für Jahr auf demselben (sonnigen) Beet angebaut und mit seinen eigenen Abfällen gedüngt wird.

Pflege

Tomaten sind sehr anspruchsvoll in der Ernährung und brauchen viel Wasser. Bereiten Sie das Beet mit Kompost und verrottetem Mist, Horn-Blut-Knochenmehl oder Guano bereits im Herbst vor. Im Frühling streuen

Tomaten

Pflanzenkunde von A–Z

Zucchiniblüte

Gelbe Zucchini

Sie in jedes Pflanzloch reifen Kompost und setzen die Tomaten tief und etwas schräg. Gießen Sie zum Schluss mit verdünnter Brennnesseljauche an. Spritzen Sie öfter mit Schachtelhalmbrühe, denn Tomaten sind sehr anfällig für Pilzkrankheiten. Lassen Sie nur zwei bis drei Haupttriebe wachsen, die laufend an der Kletterhilfe mit Bast festgebunden werden. Die Seitentriebe müssen Sie während des ganzen Sommers regelmäßig aus den Blattachseln herausbrechen. Wässern Sie Ihre Tomatenpflanzen ausreichend mit abgestandenem Wasser, das Sie in den Wurzelbereich gießen, und düngen Sie mehrmals mit Pflanzenjauche nach. Tomaten gedeihen gut unter einer einfachen Foliendachkonstruktion, die seitlich jedoch offen bleiben muss, damit die Luft zirkulieren kann.

Ernte und Verwendung

Tomaten werden von Juli bis Ende Oktober frisch geerntet. Früchte, die nicht mehr rot geworden sind, werden an ihrem Zweig ins Haus geholt, wo sie nachreifen können.

Zucchini

(Cucorbita pepo var. giromontiina)

Die aus Südeuropa stammende Zucchini ist eine mild schmeckende, gurkenähnliche Frucht. Verbreitete Sorten sind „Cocozelle von Tripolis", „Diamant" (grün) und „Gold Rush" (gelb). Die wunderschönen großen und goldgelben Blüten der Zucchini sind eine Zierde für jeden Gemüsegarten.

Standort

Die Zucchini liebt geschützte, warme Plätze auf nährstoffreichen Böden, ähnlich dem Kürbis.

Pflege

Die gurkenähnlichen italienischen Kürbisse sind von allen Kürbisgewächsen am wenigsten empfindlich. Bereiten Sie das Beet wie für Gurken vor; auch die Pflege von Zucchini entspricht der von Gurken. Zucchini brauchen sehr viel Platz und Wasser, außerdem zusätzliche Düngung mit Pflanzenjauche, der Sie einen organischen Dünger beimischen können. Spritzungen mit Schachtelhalmbrühe schützen vor Pilzkrankheiten. Mulchen Sie rund um die Pflanzen herum mit halb verrottetem Kompost, denn die Pflanzen sind Starkzehrer.

Ernte und Verwendung

Von einer Pflanze können Sie bis zu 30 Früchte zwischen 10 und

20 cm Länge ernten, wenn Sie sie jung und zart pflücken. Dann schmecken sie auch am besten, und es bilden sich immer wieder neue Blüten. Aber auch in allen anderen Wachstumsstadien sind die Früchte essbar.

Hülsenfrüchte

Pal- und Markerbsen
(Pisum sativum)

Die Pal- oder Schalenerbsen besitzen große, glatte, runde Körner und die reifen Früchte werden mehlig; Markerbsen dagegen erkennt man an ihren runzeligen Samenkörnern. Beliebte Sorten sind „Aldermann", „Lancet" und „Exzellenz"; bei den Palerbsen „Kleine Rheinländerin" und „Rheinperle".

Standort
Kompost und Mulch genügen zur Vorbereitung des Erbsenbeetes. Streuen Sie im Frühling zusätzlich Steinmehl oder Holzasche aus.

Pflege
Schützen Sie die Aussaaten möglichst mit einem Maschendraht vor Vögeln. Niedrige Sorten brauchen keine Kletterhilfe. Hohe Sorten erhalten ein Klettergerüst aus Reisern oder Maschendraht. Verwenden Sie das anfallende Erbsenstroh zum Mulchen und lassen Sie die Wurzeln mit den Knöllchenbakterien im Boden.

Erbsen

> **Tipp**
>
> **Nützliche Hülsenfrüchte**
> Bei Bohnen und Erbsen bleiben die Wurzeln als natürliche Stickstoffanreicherung im Boden. Mischkultur mit Bohnenkraut schützt wirksam vor schwarzen Läusen.

Ernte und Verwendung
Erbsen können Sie laufend frisch ernten; Erbsen lassen sich gut einfrieren, Palerbsen auch trocknen.

Stangen- und Buschbohnen
(Phaseolus vulgaris)

Bei den Stangen- und Buschbohnen gibt es grüne Sorten und gelbe Wachsbohnen; Stangenbohnen sind größer und schmecken kräftiger, wie die Sorten „Neckarkönigin", „Mombacher Speck" (grün); „Wachs Neckargold" (gelb) oder „Blauhilde" (bläulich). Beliebte Buschbohnensorten sind „Saxa", „Delinel" (grün); „Wachs Goldetta", „Hildora GS" (gelb); „Purple Teepee" (violettblau) und „Borlotto" (rotgrün gesprenkelt).

Standort
Bohnen vertragen Sonne und Halbschatten, die Erde sollte in gutem, lockeren Zustand sein.

Pflege
Buschbohnen sind anspruchsloser als Stangenbohnen. Sie brauchen weniger Wärme, Nährstoffe und vor allem weniger Platz als Stangenbohnen, die eine stabile Kletterhilfe benötigen. Bohnenkerne werden erst ab Mitte Mai

Pflanzenkunde von A–Z

Hülsenfrüchte

in die Erde gelegt. Bohnen sollen nach einer alten Regel „die Glocken läuten hören". Säen Sie also nicht zu tief, höchstens zwei bis drei Zentimeter. Gedüngt wird mit Kompost, bei Stangenbohnen zusätzlich mit organischem Dünger, zum Beispiel Holzasche oder Knochenmehl. Vermeiden Sie Stickstoffdüngung, denn Bohnen sind Stickstoffsammler, genauso wie Erbsen.

Ernte und Verwendung

Bohnen ernten Sie laufend frisch während des Sommers, jedoch nie bei nassem Wetter. Lassen Sie sie nicht zu lange hängen, sondern ernten Sie sie jung und zart. Vorsicht: Bohnen enthalten Gift, das erst beim Kochen verschwindet.

Knollengemüse

Gemüse- oder Knollenfenchel
(Foeniculum vulgare var. dulce)

Dieses typische Mittelmeergemüse wird wegen seines verdickten Stängels angepflanzt, der ähnlich schmeckt wie Anis und eine vorzügliche Zutat für Salat und Rohkost liefert. Knollenfenchel ist ein zweijährig wachsender Doldenblütler mit fein gefiederten Blättern. Für den Sommer- und Herbstanbau steht die Sorte „Zefa Tardo" zur Verfügung, für die Frühjahrs- und Frühsommerkultur „Zefa Fino" oder „Sperling's Crato".

Standort
Knollenfenchel wächst auf nahrhaftem, durchlässigem Boden in sonniger warmer Lage.

Pflege
Fenchel liebt reichlich Feuchtigkeit und – ab und zu – einen Guss Brennnesseljauche. Im Spätsommer häufelt man die Knollen etwas an, damit sie gebleicht und schön zart werden. Fenchel gedeiht gut als Nachkultur von Kartoffeln oder Erbsen. Gute Nachbarn bei frühen Pflanzungen sind Kopfsalat, Gurken und Erbsen, bei Spätsommerkulturen Feldsalat und Zichoriensalate.

Ernte und Verwendung
Fenchel ernten Sie frisch ab Ende September bis in den November. Graben Sie die letzten Knollen vor den ersten Nachtfrösten aus und pflanzen Sie sie dicht an dicht ins Frühbeet oder lagern Sie sie bei Temperaturen leicht über dem Gefrierpunkt im Keller. Gemüsefenchel ist gedünstet oder auch roh als Salat zubereitet verwendbar.

Kartoffelblüte

Pflanzenkunde von A–Z

Kartoffel
(Solanum tuberosum)

Die zum Knollengemüse zählenden Kartoffeln stammen ursprünglich aus Südamerika. Frühe Sorten sind langoval und festkochend, mittelfrühe rundoval und überwiegend festkochend. Spätkartoffeln sind – bis auf die langovale, festkochende „Hansa" – mehlig.

Standort
Die Nutzfläche für den Kartoffelanbau sollte etwas breiter sein als die normalen Gemüsebeete, die Kartoffelfurchen sollten mindestens einen halben Meter betragen.

Pflege
Die Kartoffelanbaufläche sollte regelmäßig gehackt werden. Wenn die Pflanzen etwa 10 cm hoch sind, sollten Sie die Erde anhäufeln. Mulchen Sie das Beet bei Spätfrostgefahr mit Stroh oder ähnlichem Deckmaterial, das bei wärmerer Witterung wieder entfernt werden kann.
Gegen den schwarzgelben Kartoffelkäfer, der an Blättern und Stängeln frisst, verwenden Sie am besten biologische „Pyrethrum"-Präparate, die im Handel erhältlich sind.

Ernte und Verwendung
Frühkartoffeln können Sie von Mitte Juni bis Mitte Juli ernten, mittelfrühe im August, späte Sorten von August bis September. Graben Sie die Kartoffeln nach und nach mit der Grabgabel aus. Aufgrund ihres hohen Vitamingehaltes, ihres Nährwertes und ihrer vielseitigen Verwendbarkeit zählen die braunen Knollen zu den meistverwendeten Gemüsearten.

Topinambur
(Helianthus tuberosus)

Diese Knollenfrucht ist mit der Sonnenblume verwandt, wächst zwei bis drei Meter hoch und bildet dichte grüne Hecken mit attraktiven gelben Blüten. Man nennt Topinambur auch „Diabetiker-Kartoffel", da sie wegen ihres hohen Inulingehaltes für Zuckerkranke sehr bekömmlich ist.

Standort
Topinambur sind anspruchslos. Im Frühjahr setzen Sie die unterirdisch wachsenden Knollen im Abstand von einem Meter in das Gemüsebeet. Eine Mischkultur ist nicht empfehlenswert.

Pflege
Es genügt, das Beet mit Kompost zu düngen.

Ernte und Verwendung
Im Herbst und Winter können Sie die winterfesten Topinambur bei Bedarf frisch ernten. Ihr Vitamin-C- und Eiweißgehalt machen sie zu einer gesunden Ergänzung auf dem Speisezettel; zubereitet werden sie wie Kartoffeln. Die Topinambur ist auch als Gründüngungspflanze von Bedeutung.

Kohlgemüse

Blumenkohl
(Brassica oleracea var. botrytis)

Blumenkohl ist mit seinen „Rosen" sehr wohl schmeckend. Beliebte Sorten sind „Erfurter Zwerg" für die frühe und späte Ernte und „Neckarperle" für den Sommeranbau.

Standort
Blumenkohl ist relativ anspruchsvoll. Er verlangt einen humusreichen und immer gut feucht gehaltenen Boden.

Pflege
In der Entwicklung des Blumenkohls darf durch Wasser- oder Nährstoffmangel kein Stillstand eintreten. Um dies sicherzustellen, sind häufige Jauchegüsse empfehlenswert. Wenn man im

Brokkoli

Brokkoli
(Brassica oleracea var. cymosa)

Der Brokkoli, der auch Spargelkohl genannt wird, ist eine grüne Variante des Blumenkohls mit kräftigerem Geschmack und höherem Vitamin- und Nährstoffgehalt. Sorten sind „Futura", „Atlantic" und „Sperling's Sparko". Ein wahrer Augenschmaus sind die Varianten „Rosalind" (rotviolette Blumen) und „Blauer von Sizilien" (violette Blumen).

Standort
Brokkoli gedeiht, wie andere Kopfkohlarten, gut auf einem im Herbst mit organischem Dünger vorbereiteten Beet.

Pflege
Brokkoli ist nicht so heikel wie Blumenkohl, braucht aber ebenso viel Wasser und Nährstoffe.

Ernte und Verwendung
Der grünviolette Hauptspross wird geerntet, bevor die ersten Blütenknospen aufplatzen und gelbe Blüten zu sehen sind. Aus den Blattachseln treiben dann weitere, kleinere Knospen nach, die über längere Zeit mit ihren Stielen geschnitten werden können. Sie können Brokkoli auch

Sommer die inneren Blätter über der „Blume" einknickt, bleibt sie schön weiß.

Ernte und Verwendung
Blumenkohl ernten Sie, sobald er reif, aber die „Blume" noch fest und geschlossen ist. Späte Kulturen reifen noch im Oktober. Es werden nicht nur die Blätter, sondern auch die verwachsenen Blütenknospen verzehrt.

Pflanzenkunde von A–Z

Kohlrabi

einfrieren, wenn er nicht frisch verwertet wird.

Chinakohl und Pak-Choi
(Brassica rapa chinensis)

Chinakohl ist eine zarte, leicht verdauliche Weißkohlart aus dem asiatischen Raum. Er ist raschwüchsig und besitzt leicht krause oder zerknittert aussehende Blätter mit breiten, weißen Rippen. Chinakohlsorten sind der gut lagerfähige „Hongkong" und der sehr krankheitsresistente „Nagoka"; bei Pak-Choi ist die Sorte gleichnamig.

Standort
Für den Anbau von Chinakohl sollten Sie ein abgeerntetes Beet verwenden und den Boden mit organischem Dünger vorbereiten.

Pflege
Chinakohl darf erst in der zweiten Julihälfte ausgesät werden, frühere Aussaaten schießen leicht. Er braucht zusätzlich organischen Dünger – wie zum Beispiel Guano – und stets reichlich Feuchtigkeit. Wechseln Sie die Anbaufläche häufig, denn wie alle Kohlarten wird auch Chinakohl leicht von Kohlhernie befallen.

Ernte und Verwendung

Chinakohl kann bei Temperaturen bis zu minus fünf Grad im Garten bleiben. Die abgeernteten Köpfe halten sich im Kühlschrank oder Keller meist noch wochenlang. Er kann roh oder gedünstet zubereitet werden.

Grünkohl
(Brassica oleracea var. acephala)

Dieser anspruchslose Winterkohl besitzt einen hohen Gehalt an Vitaminen und Mineralstoffen. Niedrigere Sorten – wie „Niedriger grüner Krauser" oder „Hamburger Lerchenzungen" – sind für den privaten Gemüsegarten empfehlenswert.

Standort
Grünkohl gedeiht auch an halbschattigen Orten und kann gut mit Kartoffeln gepflanzt werden.

Pflege
Versorgen Sie das Grünkohlbeet reichlich mit Kompost und einem organischen Dünger.

Ernte und Verwendung
Grünkohl ist winterhart und kann den ganzen Winter aus dem Freiland geerntet werden. Er schmeckt feiner und ist be-

Kohl

kömmlicher, wenn er mindestens einmal richtig durchgefroren ist. Junge Blätter von „Niedriger grüner Krauser" können klein geschnitten sogar als Salat zubereitet werden.

Kohlrabi
(Brassica oleracea var. gongylodes)

Kohlrabi gehört dem Knollengemüse an und schmeckt nussartig süß, wobei die weißen Formen milder und süßer sind als die blauen. Frühe Sorten sind unter anderem „Lanro" (weiß) und „Blaro" (blau); Sommer- und Herbstsorten nennen sich „weißer" und „blauer Delikatess" sowie „Blauer Speck".

Standort
Kohlrabi sind willkommene Zwischenfrüchte, sie brauchen kein eigenes Beet.

Pflege
Kohlrabi benötigt weniger Nährstoffe als die dicken Kohlköpfe, jedoch braucht er regelmäßige Wasserversorgung, sonst werden die Knollen holzig oder platzen auf. Nachdüngen mit verdünnter

Pflanzenkunde von A–Z

Brennnesseljauche ist empfehlenswert.

Ernte und Verwendung

Bei Kohlrabi gilt: je früher vom Beet, desto feiner die Küche. Verwenden Sie auch die zarten Blätter für Ihren Salat, sie enthalten sehr viele Vitamine und Mineralstoffe. Spätsorten sollten Sie vor den ersten Nachtfrösten hereinholen.

Rosenkohl
(Brassica oleracea var. gemmifera)

Der Rosenkohl – mit seinen an einem 60 bis 80 cm hohen Stiel sitzenden Blattröschen – gehört zu den feineren Verwandten innerhalb der Kohlfamilie. Altbewährte Sorten sind „Wilhelmsburger" und „Fest und Viel".

Standort

Rosenkohl zählt zu den so genannten Nachfruchtpflanzen, die man auf früh geräumte Beete setzen kann.

Pflege

Bei Rosenkohl kommt es darauf an, des Guten nicht zu viel zu tun, um ein wohl schmeckendes Gemüse ernten zu können. Bei Überdüngung bringt Rosenkohl nur lockere Röschen zustande, die zudem scharf schmecken. Eine Hand voll Holzasche in das Pflanzloch dagegen fördert die Festigkeit der Röschen.

Ernte und Verwendung

Frost vor der Ernte fördert den Wohlgeschmack von Rosenkohl. Ernten Sie ihn möglichst aus dem Freiland, nur in sehr kalten Gegenden müssen Sie Rosenkohl im Frühbeet oder an einer schützenden Wand einschlagen und mit Reisig abdecken.

Weißkohl, Rotkohl und Wirsing
(Brassica oleracea var. capitata)

Rotkohl bzw. Blaukraut und Weißkohl bzw. Weißkraut sind sich zwar ähnlich, unterscheiden sich aber im Geschmack deutlich. Der Wirsing ist dem Weißkohl sehr ähnlich, hat aber weichere, gekrauste Blätter. Frühe Sorten sind beim Weißkohl „Dithmarscher Früher" und „Erstling", beim Rotkohl „Frührot" und beim Wirsing „Eisenkopf". Späte Weiß- bzw. Rotkohlsorten sind „Braunschweiger", „Herbstrot" bzw. „Marner Lagerweiß"; zum späten Wirsing zählen zum Beispiel „Dauerwirsing" und „Advent".

Standort

Das Kohlbeet muss bereits im Herbst mit Kompost und organischem Dünger gut vorbereitet werden. Säen Sie nur kleine Mengen aus, denn die drei Kohlarten brauchen viel Platz.

Pflege

Die drei Kopfkohlarten sind Starkzehrer und brauchen viel Nährstoffe und Wasser, um die gewaltigen Blattmassen erzeugen zu können. Steinmehl und Brennnesseljauche fördern das Wachstum während der Vegetationsperiode. Mulchen Sie den Boden und gießen Sie immer reichlich.

Ernte und Verwendung

Frühe Kohlarten sind für den frischen Verzehr bestimmt. Späte Sorten bleiben so lange im Freiland, bis sich Nachtfröste einstellen. Aus Weißkohl stellt man das gesunde Sauerkraut her, Rotkohl harmoniert zu Wild, Geflügel und Schweinefleisch.

Wurzelgemüse

Sellerie
(Apium graveolens)

Bei der vielseitig verwendbaren Gemüseart unterscheidet man

Knollensellerie (Apium graveolens var. rapaceum) und Bleich- oder Stangensellerie (Apium graveolens var. dulce). Der Knollensellerie besitzt runde Wurzelknollen, Bleichsellerie bildet dagegen keine Knollen.

Standort

Sellerie verlangt nach einem stickstoffhaltigen Boden und verträgt auch schwach saure Böden mit einem pH-Wert von 6,0 bis 7,5. Da Sellerie zu den starkzehrenden Gemüsearten mit hohem Nährstoffbedarf zählt, düngen Sie die Beete, auf die der Sellerie im nächsten Jahr gepflanzt werden soll, mit Stallmist (nie im Frühjahr aufbringen) oder Kompost sowie mit 50 g Kali und 40 g Thomasmehl pro Quadratmeter.

Pflege

Gießen Sie regelmäßig, ein- bis zweimal in der Wachstumszeit, auch mit Brennnesseljauche. Mulchen Sie das Selleriebeet; aber so, dass die Knollen möglichst freiliegen.

Ernte und Verwendung

Geerntet wird Sellerie von September bis November, so spät wie möglich, aber vor den ersten stärkeren Frösten. Knollensellerie lässt sich gut lagern; das getrocknete Laub dient als Gewürz. Die Blätter und Blattstiele des Bleichselleries ergeben feine Rohkostsalate oder Gemüsegerichte.

Wurzelgemüse

Möhren und Karotten

(Daucus carota ssp. sativus)

Zur Unterscheidung: Karotten sind die kleinen, rundlichen Sorten, wie zum Beispiel „Pariser Markt". Als Möhren oder Gelbe Rüben werden allgemein die langen, orangeroten Wurzeln bezeichnet. Sorten sind zum Beispiel die frühe Zuckermöhre „Sperling's Frühbund" oder die haltbare Wintermöhre „Rote Riesen".

Standort

Möhren brauchen einen lockeren, sandigen Boden. Eine Grün-

Pflanzenkunde von A–Z

düngung, die über den Winter als Mulchdecke liegen bleibt, kann den Boden tiefgründig lockern. Ansonsten bereiten Sie das Beet mit Kompost vor und breiten eine Mulchdecke darüber.

Pflege

Im Frühjahr geben Sie in die Saatrillen etwas Reifekompost und Holzasche. Wenn die Sämlinge aufgegangen sind, verziehen Sie sie auf einen Abstand von 3 bis 5 cm. Bei gleichmäßiger Feuchtigkeit platzen die Möhren nicht auf. Anhäufeln der Wurzelhälse ab Anfang Mai hält die Möhrenfliege fern, die ihre Eier vorzugsweise in dem Gemüse ablegt. Bewährt hat sich auch eine Mischkultur mit Zwiebeln und Lauch.

Ernte und Verwendung

Je nach Sorte liegt die Erntezeit im Sommer, Herbst oder Frühwinter. Ziehen Sie die Möhren vorsichtig aus der Erde, sobald Sie sie benötigen. Ansonsten sollte das Wurzelgemüse möglichst lange im Freiland bleiben; eine dicke Laubdecke kann das Beet noch lange frostfrei halten. Möhren zum Lagern gräbt man Anfang Oktober mit der Grabgabel aus, dreht das Laub ab und legt sie in Kisten mit Sand.

Radieschen und Rettiche
(Raphanus sativus)

Der Rettich ist eine sehr vielgestaltige Pflanzenart; Radieschen und Sommerrettiche können vom zeitigen Frühjahr bis in den Herbst geerntet werden. Herbst- und Winterrettiche decken den Bedarf von Herbst bis Frühjahr. Frühe Aussaaten von Radieschen sind mit den Sorten „Saxa", „Knacker" oder „Frühwunder" möglich. Sommerrettiche sind die Sorten „Hilds Neckarruhm", „Rex" und der „Minowase Summer Cross"; zu den Winterrettichen zählen: „Münchner Bier", „Runder schwarzer Winter" oder „Langer schwarzer Winter".

Standort

Radieschen und Rettiche gedeihen am besten auf eher kühlen und feuchten Standorten, in humoser, leichter Erde. Rettiche produzieren sehr viel Laub und sollten deshalb nicht zu dicht stehen.

Pflege

Zarte, milde Radieschen werden Sie ernten, wenn Sie das Pflanzenwachstum durch reichliche Wassergaben fördern. Ebenso sollten Sie den Boden vor der Aussaat wässern. Radieschen eignen sich gut als Zwischenkultur. Säen Sie sie breitwürfig und nicht zu dicht als Mischkultur mit Karotten oder auf das Frühkartoffelbeet aus.

Ernte und Verwendung

Radieschen vertragen keinen Frost; einige Rettichsorten können dagegen in milderen Gegenden ohne tiefgründigen Frost den ganzen Winter über in der Erde bleiben. Ansonsten gräbt man sie im Spätherbst aus, schneidet das Laub ab und mietet sie im Keller oder Frühbeet in Sand ein.

Rote Bete
(Beta vulgaris)

Die Rote Rübe, Rote Bete oder Rahne ist reich an Mineralsalzen und Vitaminen. Beliebte Sorten sind „Rote Kugel", „Juwakugel", „Sperling's Rote Kugel Probat" und „Forono" (längliche Form, speziell zum Lagern).

Standort

Rote Bete gehören zu den Mittelzehrern und nehmen auch mit einem Beet im Halbschatten vorlieb. Als Vorbereitung für das Beet genügen Kompostversorgung und Mulchen im Herbst.

Pflege

Apriaussaaten muss man vor Spätfrösten schützen. Erst ab dem 20. Mai ist das Ausbringen der Freilandaussaat unbedenklich. Sorgen Sie außerdem für ausreichend Feuchtigkeit.

Ernte und Verwendung

Ernten Sie nach Bedarf oder immer dann, wenn die Knollen die gewünschte Größe erreicht haben. Die Rüben werden eingemietet wie Möhren. Beim Abdrehen der Blätter achten Sie darauf, die Knolle an keiner Stelle zu verletzen, weil sie sonst „ausblutet". Rote Bete werden vor allem als Salate zubereitet. Ihr Saft eignet sich als natürlicher Lebensmittelfarbstoff.

Schwarzwurzel
(Scorzonera hispanica)

Die Schwarzwurzel zählt, wie der Name schon sagt, zu den Wurzelgemüsen und wird, obwohl der Geschmack nicht direkt vergleichbar ist, als der „Spargel des Winters" bezeichnet.

Standort

Schwarzwurzeln benötigen einen lockeren, tiefgrundigen Boden, den Sie im Herbst vor dem Anbau tief umgraben sollten.

Pflege

Nach der Frühjahrs-, jedoch besonders nach der Herbstaussaat, sollten Sie die Beete gleichmäßig feucht halten, bis der Samen aufgeht. Je nach Bodenzustand können Sie im Sommer auch mit Brennnesseljauche gießen.

Ernte und Verwendung

Schwarzwurzeln werden im Herbst mit der Grabgabel, die Sie tief einstechen müssen, damit die Wurzeln beim Ausheben nicht brechen, ausgegraben. In Regionen mit nur oberflächlichem Bodenfrost können mit Laub und Stroh bedeckte Schwarzwurzelbeete auch im Winter frisch geerntet werden. Sie haben vielfältige Heilkraft und sind für Zuckerkranke sehr empfehlenswert.

Zwiebelgemüse

Zwiebeln
(Allium cepa)

Die Zwiebeln gehören wahrscheinlich zu den ältesten Gemüsen der Erde. Man unterscheidet folgende Zwiebelarten: Steckzwiebeln, Schalotten, Saatzwiebeln und Weiße Frühlingszwiebeln.

Zwiebelgemüse

Pflanzenkunde von A–Z

Standort
Zwiebeln bevorzugen einen sonnigen Standort und warmen, nahrhaften Boden, der oft gehackt und gejätet werden muss.

Pflege
Die Küchen- oder Speisezwiebel lässt sich aus Samen oder Steckzwiebeln gewinnen. Wintersteckzwiebeln kommen schon im Herbst in die Erde, damit man im darauf folgenden Sommer frühzeitig ernten kann. Wird zusätzliche Nahrung nötig, verwenden Sie einen kalihaltigen Dünger.

Ernte und Verwendung
Gesäte Zwiebeln eignen sich besonders gut als Lagerzwiebeln, wenn man sie ausreifen lässt, also wartet, bis das Kraut zu mindestens zwei Dritteln verwelkt ist. Gesteckte Zwiebeln sind früher erntereif und werden frisch verzehrt.

Knoblauch
(Allium sativum)

Der aus Südeuropa stammende Knoblauch zählt zur Gattung der Liliengewächse.

Standort
Knoblauch gedeiht bevorzugt an sonnigen und warmen Standorten mit eher trockenen Böden. Pflanzen Sie ihn – ähnlich den Steckzwiebeln – im Abstand von 15 cm etwa 4 cm tief in die Erde.

Pflege
Die Pflege ähnelt im Großen und Ganzen den Maßnahmen bei den Zwiebeln. Knoblauch ist, beispielsweise als Beeteinfassung gepflanzt, ein nützlicher Partner für andere Pflanzen, da er gegen Krankheiten und Schädlinge schützen kann.

Ernte und Verwendung
Erntezeit: Juli bis September; sobald das Laub im Herbst trocken ist, können Sie die Knoblauchzwiebeln herausziehen. Flechten Sie sie zu einem Zopf zusammen und hängen Sie diesen an einem kühlen und luftigen Platz auf.

Porree und Lauch
(Allium porrum)

Porree und Lauch sind eine beliebte Gemüseart. Sie gehören zu den winterharten Zwiebelgemüsen und enthalten schwefelhaltige ätherische Öle. Sehr dekorativ ist die frostfeste Sorte „Winterriesen" mit ihrer blaugrünen Färbung.

Standort
Porree oder Lauch liebt tiefgründigen Boden. Bereiten Sie das Beet im Herbst mit Kompost und organischem Dünger vor. Er eignet sich hervorragend als Nachfrucht auf früh frei gewordenen Beeten.

Pflege
Während des Hoch- und Spätsommers sollten Sie dem Porreebeet eine Volldüngung verabreichen. Pflanzen Sie Setzlinge bei trübem Wetter, stutzen Sie Wurzeln und Blätter etwas ein und gießen Sie mit Brennnesseljauche an. Später werden die Pflanzen angehäufelt, damit sich die begehrten weißen Schäfte bilden.

Ernte und Verwendung
Porree bzw. Lauch kann sowohl im Spätsommer als auch im Herbst und Winter stets frisch geerntet werden, das heißt ab Juli/August. Die Winterernte dauert von Oktober bis Dezember; bei winterharten Sorten bis zum Frühjahr.
Wenn Sie im Frühling einige Porreepflanzen stehen lassen und die Blütenansätze abschneiden, bilden sich am Boden die kleinen weißen Perlzwiebeln heraus.

Gartenkalender
(von Peter Himmelhuber)

Gartenkalender

Gemüsegartenpflege rund ums Jahr

Die Pflege eines Gemüsegartens bringt im Vergleich mit anderen Gartenbereichen am meisten Arbeit mit sich. So gibt es während der Saison vom Frühjahr bis zum Herbst ständig etwas zu tun; beginnend mit der Aussaat und Pflanzung, der Bewässerung, der Bodenlockerung, dem Düngen, dem Jäten, dem Pflanzenschutz und – nicht zuletzt – dem Ernten sind täglich viele verschiedene Aufgaben zu erledigen. Der übersichtliche und kompakte Gartenkalender auf den folgenden Seiten zeigt, wie sich die anstehenden Arbeiten auf die einzelnen Monate verteilen.

Mischkultur – Gemüse und Blumen im Bauerngarten

Januar

- Planung der Beete und Mischkulturen
- Saatgut bestellen und vorhandenes Saatgut testen
- Anzuchthilfen beschaffen und vorbereiten
- Gemüselager kontrollieren, Lagergemüse verbrauchen
- Gemüse im Gewächshaus versorgen (Winterspinat, Feldsalat etc.)

- Kräuter auf der Fensterbank versorgen
- Kompost umsetzen oder durchmischen

Februar

- Planung der Beete, Fruchtfolge beachten
- Kataloge und Saatgutsortiment der Gartencenter sichten
- Neben bewährtem Gemüse auch neue Züchtungen testen
- Sortenmix verbessert die Erträge (verschiedene Tomaten wählen)

Gartenkalender

- Aussaat beginnen, sobald die Tage länger werden
- Alte Anzuchterde vom Vorjahr dämpfen (z. B. in einem alten Kochtopf)
- Frühbeet bauen oder Mistbeet anlegen
- Pferdemist für Frühbeet besorgen (z. B. bei Reiterhof)
- Erste Pflanzungen unter Glas (frühe Sorten von Salat, Kohlrabi, Rettich)
- An sonnigen Tagen Gewächshaus und Frühbeet lüften (abends ablüften)

März

- Aussaat und Anzucht im Haus (Tomaten, Paprika, Gurken etc.)
- Bodenbearbeitung bei mildem Wetter
- Reifen Kompost verteilen
- Gemüsegartenneuanlage an günstigem Platz (geschützte sonnige Lage)
- Gemüsegarten mit Kräuterhecken einfrieden

- Aussaat und Pflanzung von Frühgemüse im Gewächshaus und Frühbeet
- Frühbeet und Gewächshaus an sonnigen Tagen lüften
- Bodenlockerung mit Grabgabel oder Sauzahn
- Bodenverbesserung mit reifem Gartenkompost
- Bei mildem Wetter und abgetrocknetem Boden erste Aussaat im Freiland (Möhren, Rettiche, Radieschen)
- Pflanzung von Salat, Kohlrabi, Rettich auf vorbereitetem Boden
- Frostschutz mit Vlies, Gartenfolie oder Folientunnel aufstellen
- Saatbeete mit Schutznetz vor Vögeln abschirmen

April

- Noch Aussaat von Gemüse im Haus
- Jungpflanzen pikieren (vereinzeln)
- Pflanzen aus der Gärtnerei besorgen (zur Ergänzung eigener Jungpflanzen)

- Aussaat und Pflanzung im Gewächshaus und Frühbeet (Kohlrabi, Salat, Tomaten, Gurken etc.)
- Gewächshaus und Frühbeet lüften und schattieren
- Aussaat und Pflanzung aller Arten im Freiland (Möhren, Salate, Rettiche, Kohlrabi u. a.), bis auf frostempfindliche Südländer (Tomaten, Gurken, Paprika u. a.)
- Kartoffeln legen und anhäufeln
- Blumen in die Beete säen zur Schädlingsabwehr (Ringelblumen, Tagetes u. a.)
- An sonnigen Tagen gießen
- Bodenlockerung zwischen den Reihen und Unkrautvernichtung durch Harken
- Mulchen mit Rasenschnittgut hält die Bodenfeuchtigkeit und unterdrückt Unkräuter
- Gehsteige in die Beete legen (z. B. Holzlattenroste oder Bretter)
- Ernte der ersten Frühgemüse und Salate
- Folgesaat und Folgepflanzung auf freien Beeten (günstige Sorten wählen – „Mischkultur")
- Pflanzenschutz mit biologischen Mitteln (z. B. Abspritzen mit kaltem Wasser)

Mai

- Nach den „Eisheiligen" beginnt Pflanzzeit für alle Arten (auch für frostempfindliche wie Kürbis, Mais, Melonen etc.)
- Tomaten, Gurken, Paprika u. a. wärmebedürftige Fruchtgemüse vor Kälte und Dauerregen schützen (z. B. mit Folienhauben)

Gartenkalender

- Kletterpflanzen unter Glas heften (Gurken, Melonen etc.)
- Gewächshaus und Frühbeet lüften und schattieren

Juni

- Gießhilfen erleichtern die Wasserversorgung (z. B. Tontöpfe neben Tomaten in den Boden einsenken)
- Regenwasser sammeln, Brunnen bauen und Schöpfstellen einrichten

- Folgepflanzungen nach der Ernte von Frühgemüse, günstige Fruchtfolgen beachten (nach Kohlrabi keine Kohlarten pflanzen – siehe Mischkulturtabelle S. 14)
- Bewässerung bei Trockenheit (Wasservorrat anlegen)
- Hacken und Jäten in den Beeten
- Mulchen hält die Bodenfeuchtigkeit (z. B. Rasenschnittgut oder Mulchfolie)
- Pflanzenschutz mit biologischen Mitteln
- Tomaten stäben und entgeizen (Seitentriebe ausbrechen)

Juli

- Gießen bei Trockenheit (direkt auf den Boden, Blätter möglichst trocken halten)
- Ernte von Salaten, Möhren, Kohlrabi, Rettich; Fruchtgemüse regelmäßig durchpflücken; überschüssiges Gemüse konservieren
- Gewächshaus und Frühbeet lüften (evtl. das Seitenfenster ausbauen)
- Anzucht von Folgekulturen unter Glas (Endiviensalat, Blumenkohl etc. für die Herbsternte)
- Tomaten entgeizen und heften

- Nach der Ernte von Salaten, Kohlrabi, Rettichen günstige Folgekulturen wählen
- Bodenverbesserung mit Kompost vor Neupflanzungen
- Zucchini möglichst jung ernten, Bohnen regelmäßig durchpflücken
- Fruchtgemüse vor Regen und kühlem Wetter schützen (Tomaten, Gurken, Paprika etc.)
- Pflanzenschutz mit biologischen Mitteln (z. B. Schneckenzäune einrichten)
- Kräuterjauchen ansetzen (z. B. Schachtelhalmjauche gegen Pilzkrankheiten)
- Kräuter ernten zur Blütezeit

- Pflanzenschutz mit biologischen Mitteln (z. B. Gemüseschutznetz gegen Kohlweißlinge bei Rettichen und Kohlgemüse)

Gartenkalender

September

- Ernte konservieren und einlagern (Kartoffeln in kühle Erdkeller oder Mieten)
- Wurzelgemüse auf den Beeten lassen oder einschlagen (z. B. Schwarzwurzeln, Rote Bete, Sellerie in lockeren Boden legen)
- Beete nach der Ernte abräumen, Abfälle kompostieren
- Freie Beete bearbeiten (Boden lockern oder umgraben)
- Gründünger auf freie Beete säen (z. B. Gelbsenf)
- Frostschutz vorbereiten (z. B. Folien für Freilandtomaten)
- Hügelbeet anlegen

August

- Ernte konservieren (einkochen, einfrieren, trocknen)
- Gemüseabfälle kompostieren (kranke Pflanzenteile vernichten)
- Pflanzung von Endiviensalat, Feldsalat u. a. Herbstgemüse
- Knoblauch stecken (auch neben Erdbeeren) für Ernte im nächsten Jahr
- Gute Sorten vormerken (für Anbau im nächsten Jahr)
- Zwiebellaub umknicken und einziehen lassen

- Boden lockern und Gründüngerpflanzen einsäen (z. B. Gelbsenf)
- Gewächshaus und Frühbeet an sonnigen Tagen lüften
- Hochbeet bauen und Hügelbeet anlegen
- Zichorie ausgraben und vortreiben

November

- Boden umgraben für neue Beete
- Schweren Boden tiefgründig lockern

Oktober

- Beete abräumen, Abfälle kompostieren
- Falls nötig, Kompoststätte anlegen (neue Silos aufstellen)
- Verrotteten Mist verteilen und einarbeiten (frischen Mist kompostieren)
- Frostschutz für Wintergemüse herrichten (z. B. Folientunnel für Mangold und Endiviensalat)

Gartenkalender

Dezember

- Wintergemüse ernten (Grünkohl, Rosenkohl, Porree)
- Feldsalat, Endiviensalat, Spinat ernten im Gewächshaus
- Gemüselager kontrollieren
- Gartengeräte pflegen und reparieren (Spaten schärfen, Stiele erneuern etc.)
- Kompost umsetzen
- Saatgut trocken aufbewahren
- Planung für das nächste Jahr

- Naturlager anlegen (für Wurzelgemüse)
- Gemüse getrennt vom Obst lagern
- Wintergemüse ernten (Rosenkohl, Grünkohl, Porree)
- Frostschutz bei Blattgemüse (Spinat, Feldsalat, Mangold etc.)
- Gartengeräte reinigen und einräumen
- Frühbeetfenster streichen
- Gewächshaus aufräumen und für frühe Aussaaten vorbereiten

Checkliste

Jedes neue Gartenprojekt erfordert eine intensive Planung. Um dabei nicht den Überblick zu verlieren, ist eine Checkliste sehr hilfreich, die im nachfolgenden Beispiel zur Anlage und Pflege eines Gemüsegartens dient. Diese Liste soll eine Anregung sein und lässt sich natürlich für jedes Projekt abwandeln und anwenden.

Material- und Werkzeugliste

Baustoffe (Baumarkt, Gartencenter)	vorhanden	bestellt	noch zu besorgen
Folientunnel	☐	☐	☐
Gewächshaus	☐	☐	☐
Beeteinfassungen	☐	☐	☐
Lattenroste für Wege	☐	☐	☐
Hochbeet aus Holz	☐	☐	☐
Kompostsilos	☐	☐	☐
Stützstäbe	☐	☐	☐
Pflanzen (Gartencenter, Wochenmarkt, Versender)	**vorhanden**	**bestellt**	**noch zu besorgen**
Saatgut, Jungpflanzen	☐	☐	☐
(Platz für eigene Wünsche)	☐	☐	☐
Erden, Substrate (Gartencenter, Baumarkt)	**vorhanden**	**bestellt**	**noch zu besorgen**
Kompost	☐	☐	☐
Hornspäne	☐	☐	☐
Aussaaterde	☐	☐	☐
Geräte, Werkzeuge (Gartencenter, Baumarkt)	**vorhanden**	**bestellt**	**noch zu besorgen**
Schubkarre	☐	☐	☐
Schaufel, Spaten	☐	☐	☐
Grabgabel	☐	☐	☐
Hacke, Grubber oder Sauzahn	☐	☐	☐
Rechen	☐	☐	☐
Pflanzschnur, Pflanzschaufel	☐	☐	☐
Gartenschere, Gärtnermesser	☐	☐	☐
Gießkanne	☐	☐	☐
Handschuhe	☐	☐	☐

Stichwortverzeichnis

Anzuchtgefäße	33 ff.
Bauerngarten	9, 13
Blattgemüse	52
Blattsalate	48
Blumenkohl	60
Bodenanalyse	23
Bodenvorbereitung	6
Bohnen	13, 14, 39, 44, 57
Brennnessel	36, 39
Brokkoli	61
Bügelhacke	17
Chicorée	48, 51
Chinakohl	14, 62
Drainage	7, 33, 34
Eissalat	49
Endiviensalat	14, 45, 48
Erbsen	14, 39, 44, 57
Feldsalat	14, 45, 48
Fenchel	14, 39, 58
Folientunnel	31, 45
Fruchtfolge	12
Fruchtgemüse	53
Frühbeet	29 ff., 45
Gartenhacke	17
Grabgabel	7, 16
Grubber	17
Gründüngung	6, 25 f., 39, 45
Grünkohl	45, 63
Gurke	12, 14, 31, 33, 34, 39, 53
Harke	17
Hecken	9, 20
Hügelbeet	10 ff.
Hülsenfrüchte	57
Karotten	14, 39, 65
Kartoffeln	14, 26, 39, 46, 60
Knoblauch	14, 39, 44, 68
Knollengemüse	58
Kohlgemüse	12, 14, 39, 60
Kohlrabi	14, 31, 45, 63
Kompoststarter	22
Kopfsalat	12, 14, 49
Kräuel	17
Kräuter	13
Kürbis	12, 39, 54
Lauch	12, 14, 68
Leguminosen	6, 38
Mangold	14, 52
Markiersaat	29
Melone	34, 39
Mineralischer Dünger	38
Mischkultur	12 ff.
Möhren	13, 14, 29, 65
Nützlinge	37, 44
Organischer Dünger	39 f.
Pak Choi	62
Paprika	31, 33, 34
Pastinake	14, 45
Pflanzschaufel	17
Pflücksalat	50
pH-Wert	23
Pikieren	35
Pionierpflanzen	26
Porree	45, 68
Radicchio	48, 51
Radieschen	10, 12, 14, 29, 31, 45, 66
Rapunzel	48
Rechen	17
Rettich	12, 14, 66
Rosenkohl	45, 64
Rote Bete	14, 46, 66
Rotkohl	64
Sauzahn	16, 25
Schädlingsbekämpfung	10, 13, 37, 41 ff.
Schmetterlingsblütler	6
Schnittsalat	50
Schwarzwurzeln	45, 67
Sellerie	12 ff., 39, 46, 64
Setzschnur	18
Sommerblumen, einjährig	10
Sommerblumen, zweijährig	10
Spaten	16
Spinat	12, 14, 39, 45, 52 f.
Stauden	10
Tomate	12 ff., 33 ff., 39, 55
Topinambur	45, 60
Unkraut	12, 17, 21, 24 f., 37
Weißkohl	64
Wildkräuter	24
Winterportulak	45, 50
Winterpostelein	45, 50
Wirsing	64
Wurzelgemüse	45, 46, 64
Zäune	19
Zeigerpflanzen	23
Zichoriensalat	14, 48, 51
Zucchini	14, 33 ff., 56
Zuckerhut	45, 51
Zwiebelgemüse	67
Zwiebeln	13, 14, 39, 44, 67

Bildnachweis

Adlus: 17

Gardena: 17

Peter Himmelhuber:
5, 6, 7, 9 (u), 13, 15, 19, 21, 27, 29 (u), 30, 31, 32, 33, 34, 38, 41, 44, 45, 46, 47, 48, 53 (o), 56 (l), 59, 62, 63, 69 – 78

Wolfgang Redeleit:
6, 8, 11, 18, 21, 35, 36, 37, 39, 40, 41, 45, 46, 48, 49, 50, 51, 52, 53 (u), 54, 55, 56 (r), 57, 58, 61, 65, 67

Helga Voit:
9 (o), 11 (Illustration), 12, 16, 18, 20, 22, 25, 28, 29 (o)

Wolf-Garten: 17